確実にモテる世界一シンプルなホメる技術

仁科友里
Yuri Nishina

アスペクト

装幀・本文デザイン　岡本健＋遠藤勇人［okamoto tsuyoshi+］
本文DTP・図版制作　津久井直美

はじめに

イケメンより、ホメメンの時代
ホメ攻撃は最大の防御である

彼女がいたことがない。
女性と交際したことはあるが、続かない、もしくは、なぜか彼女を怒らせてしまう。
婚活で思うような相手が見つからない。

有史以来、多くの男性がこのような悩みを抱えてきました。特に現代は恋愛氷河期です。恋愛をしない若者が増えているとネットニュースなどで目にしたことがあると思いますが、リクルートブライダル総研の「恋愛・婚活・結婚調査2015」によると、20代で交際経験のない男性は、41・9%。彼女がいたことのない男性が、半数に迫る勢いです。恋愛は義務ではありませんから、恋人がいなければおかしいということはありません。ですが、同調査によると、恋愛をしない理由が「どのように声をかけたらいいのか、わからない」「コミュニケーションが下手だから」というのが気になります。恋人がいらないわけではなく、欲しいけれど、どうしたらいいのかわからないというのが実情でしょう。

若者が恋愛をしないことと結び付けられるのが、経済状況です。おカネがないから、デートができない、恋をしないから結婚に至らないという考え方です。一理あると思いますが、それとは別の決定的な〝盲点〟に気づいたのです。

私は2015年、『間違いだらけの婚活にサヨナラ！』（主婦と生活社）という女性向け婚活本を上梓しました。その関係で、婚活女子と接することが多いのですが、女性たちから寄せられる一番多いお悩みは、

「一度デートはしたものの、もう一度会いたいかどうかが、わからない」

でした。婚活においては、年収や顔写真を交換した上でデートに至りますから、ルックスと収入の面はクリアしているということです。社会人としてのマナーが悪かったり、性格的な相性が極端に合わないのであれば、迷わずお断りするでしょうから、それとは違う〝何か〟が足りないわけです。

その〝何か〟を教えてくれたのは、婚活の現場でした。拙著の担当編集者の女性とお茶をしていた時のこと。ティールームでは、両隣が偶然にもお見合いをするカップ

ルでした。男性はいずれも女性に自分の勤務先の本社の場所や、有給休暇が取れないことなど仕事の話をしています。女性は両方とも反応が薄く、興味がないことがわかりました。なぜ女性が退屈しているのに、仕事の話を延々と続けるのだろうかとひやひやしたのですが、ここに二つの根本的な問題があるのかもしれないと気づいたのです。

1　男性は、女性の表情から感情を読み取ることが苦手なのではないか。

2　初対面の女性と、どんな話をしたらいいのかわからないのではないか。

脳科学によると、男性と女性の脳の大きな違いの一つに、右脳と左脳をつなぐ脳梁《のうりょう》の太さが挙げられるそうです。女性は男性より生まれつき脳梁が20パーセントも太く、その結果、感じたことを言語化することが得意で、些細な違いを見逃さないそうです。

もし**1**ができないのであれば、これはゆゆしき問題です。なぜなら、女性を怒らせていても、気づくことができなければ、リカバリーすることが不可能だからです。就活や仕事であれば、面接官や上司はあなたにどんな感情を持っていたとしても、最後まで話を聞いてくれます。しかし、恋愛や婚活の場合は、相手にいい感情を与えなければ、話を聞いてもらえず、即ゲームオーバーとなってしまうのです。

それでは、**1**が苦手な男性は、どうしたらいいのでしょうか。生まれつきだからと手をこまねいているしかないのでしょうか。もちろん、そんなことはありません。

1が苦手な人は、女性をほめればいいのです。出会ってすぐの段階で、できるだけほめて女性を上機嫌にするのです。自分に置き換えて考えてみてください。知り合った女性の本社所在地の話と、自分へのほめ言葉、どちらがうれしいですか？　言うまでもありませんね。女性をほめることを心がければ、話題も自然と定まってきますから、**2**で苦労することもありません。ほめることで、女性はあなたに関心を持ってくれます。

でも、どうやってほめたらいいのだろうと、たいていの男性が迷うことでしょう。欧米のように、日本には女性をほめる文化はありませんから、〝お手本〟がありません。ほめる習慣がないなら、作ってしまえばいい。ということで、不肖・仁科友里が皆さんに本邦初の女性のほめ方をレクチャーしたいと思います。題して「ほめろじ〜」です。これは「ほめろ！」という命令形と、「ｏｌｏｇｙ（学問）」をくっつけた造語です。歯の浮くような美辞麗句は使いませんから、職場で使ってもセクハラになりません。もちろん、合コンなどプライベートでも使うことができます。

恋愛や婚活市場で、イケメンや高収入男性は強者ですが、実はモテるとは、習慣の問題でもあります。教育カウンセラーが書いた本に、こんなエピソードがありました。

小学生の男の子がバレンタインデーにチョコレートをもらえず、しょげて学校に行きたくないと言い出したそうです。慌てたご両親が、カウンセラーのもとに駆け込んだところ、カウンセラーの女性にこう聞かれたそうです。

「お父さん、お母さんが喜ぶようなことをしていますか？」

家庭のことはお母さんにまかせきりなお父さんは、答えることができなかったそうです。

カウンセラーいわく、

「お父さんがお母さんに優しくして、お母さんのうれしそうな顔を見ると、息子はその行動を覚えて、学校の女子にも同じことをしてあげるようになります」

これは、モテが一種の〝習慣〟もしくは〝刷り込み〟であることを示しています。皆さんのお父さん世代は、まだまだ仕事優先世代。お母さんに気をつかう余裕がなくても、致し方ない部分はあります。

イケメンや高収入、モテ家庭に生まれることは、ほとんど先天的な問題ですので、自分ではどうしようもありません。先天的モテ層から外れてしまった人は、「ほめろじ～」をマスターして、女性に出会って5分以内に〝いい気持ち〟という〝メリット〟を提供できるようになってほしいと思います。

女性が求めているのは、一緒にいて楽しい人、イケメンよりホメメンです。さぁ、今から「ほめろじ～」を習得して、ホメメンを目指しましょう！

◎本書はこんな人にオススメです

- 生まれてこの方、女性と恋愛関係になったことがない人。
- 最後の恋愛経験から2年以上経っており、そろそろ恋人がほしい人。
- これまでに恋人がいたことは何度もあるが、いずれも長続きしない、もしくは彼女を怒らせてばかりでうまくいかなかった人。
- そろそろ落ち着きたいけれど、婚活がうまくいかない人。

本書ご購入の方には、もれなく電子版をプレゼントしております。

以下のサイトにアクセスし、案内されたパスワードを所定の欄に入力してください。
(弊社提携先の株式会社アカシック ライブラリーのウェブサイトでの提供になります)

https://goo.gl/pK1Wh8

パスワードが認証されますとブラウザで本書電子版を読むことができます。また、PDF 版もダウンロードできますので、電波の届かないところでも快適に読むことができます。ただし、本書の PDF 版はファイルサイズが大きいため、ダウンロードに時間がかかる場合があります。

※本書の電子版は固定レイアウトで作成されており、タブレットやパソコンなど大きなディスプレイを備えた端末で読むことに適しています。あらかじめご了承くださいますようお願いいたします。

確実にモテる　世界一シンプルなホメる技術　目次

第1章 基本編

第2章 実践編

第3章

ケーススタディ

本書を読む前に

ホメメン度自己診断テスト

※回答は25ページ以降に掲載。

- □ 1 エレベーターで隣の部の女性と二人きりになったら、黙っている。
- □ 2 同じ部の女性が残業しているときに、声をかける。
- □ 3 職場でもらったお土産や差し入れ、「誰からか」を確認する。
- □ 4 会社の飲み会への参加率はまあまあだ。
- □ 5 エレベーターで最後に降りる。後ろに人がいたら、ドアを押さえたままにすることに抵抗がある。
- □ 6 同僚の女性に恋愛事情（「彼氏いるの？」「どれくらいいないの？」「今まで何人と付き合った？」など）を聞いたことがある。
- □ 7 同僚の女性に、どんなタイプの男性が好きかを聞いたことがある。
- □ 8 同僚の女性に、自分の失恋体験を話したことがある。

□ 9 同僚の女性に「オンナって○○だよね」と言ったことがある。

□ 10 食や料理に造詣が深く、冬は鍋奉行と化す。

□ 11 ユーモアには自信がある。or ツッコミが得意だ。

□ 12 モテるため、筋トレをしているので、体には自信がある。

□ 13 女性の靴を見て、ヒールの高さが何センチか当てることができる。

□ 14 偶然見かけたよく知らない人（通勤電車で一緒の人、カフェの店員など）に告白をしたことがある。

□ 15 合コンの際は、自分から好きなタイプの女性について話す。

□ 16 合コンの際は、真っ先に好みの女性の隣に座る、もしくは移動する。

□ 17 最初のデート。レストランは相手の好みもあるので、当日話し合いながら決める。

□ 18 初対面の女性に、自分の仕事について細かく話すようにしている。

□ 19 最初のデートは、ワリカンにしている。

□ 20　彼女の今日の服装（色、形）を思い出すことができる。

□ 21　彼女がカフェでよく飲むものを思い出せる。

□ 22　彼女が好きなアクセサリーや服のブランド名を知っている。

□ 23　彼女の食の好み（どういう食べ物が好きか、何が嫌いか）を当てることができる。

□ 24　過去に女性に「話、聞いていた？」とか「この話、前にもしたんだけど」と言われたことがある。

□ 25　彼女に悩みを相談されたら、「僕ならこうする」と自分の経験を活かしてアドバイスする。

ホメメン度自己診断テスト 解答&ポイント解説

ホメメンに必要な「三本の矢」

「この人とは、もう会いたくないな」と女性がジャッジするのは、男性から「無関心さ」や「雑な扱い」を感じたときです。つまり、「ほめろじ〜」で目指すホメメンとは、「この人は私を大事にしてくれる」と感じさせる男性ということになります。そのために、必要な能力が、「観察力」「距離感」「習慣」の三つです。それでは、さっそく解答を見ながらポイントを解説していきましょう。

1―×【習慣】

女性と会ったら、ちょっとした言葉をかける、つまりプチトークするのが、ホメメンとしてのマナーです。「最近、忙しそうですね」とか、「お昼、何食べますか?」程度の軽い話が最適です。女性と縁がない人ほど、壮大なオチのある話をしようとして、結局話しかけるタイミングを失ってしまいます。プチトークの習慣をつけましょう。

2

○【習慣】

「忙しいの?」とか「急ぎなの?」とプチトークするのがマナーです。間違っても、「上司にかけあって、残業を断ってあげようか?」など、過剰な親切心を出さないこと。同僚はオトナですから、自分のことは自分でします。

3

○【習慣】

上司からのお土産にはお礼を言っても、女性の差し入れには無言の男性はけっこういます。女性は「相手によって態度を変える男性」を良く思いません。誰からのお土産かを理解することによって、プチトークのきっかけにもなります。

4

○【習慣】

アルコールが得意ではない、気づまりだなどの理由で、会社の飲み会が嫌いな人もいることでしょう。業務ではありませんから、飲み会に無理やり参加する必要はありません。しかし、「ほめろじ~」的な観点からすると、全部欠席というのは、周囲を理解できないという意味で、実はとても損なのです。プチトークのためにも、ある程度の人間関係は必要です。できる範囲で、参加していきましょう。

5
×【習慣】
エレベーターで女性を先に通したり、ドアをそっと押さえておいても、そのロスはせいぜい数十秒でしょう。少しの余裕を示しましょう。

6
×【距離感】
女性と話す際は、関係性に応じて、話題を選ぶ必要があります。会社の人は、上司を含めて男女ともパブリックな間柄です。当然、話題もある程度パブリックである必要があります。女性の恋愛遍歴について聞くことは、突き詰めると「何人の男性とセックスした？」と聞いているのと一緒ですから、パブリックにふさわしい話題ではありません。

7
○【習慣】
6と矛盾するようですが、好きな男性のタイプを聞くのはアリです。質問されることで、女性は「この人は私に関心がある」と理解するからです。6との違いは、この質問は、男性経験を聞いているわけでないので失礼でないことと、恋愛経験のない女性でも答えやすいところです。

8

✕〔距離感〕

6において、同僚の女性との人間関係はパブリックだと説明しましたが、これがいつ恋愛対象になるかはわかりません。失恋というネガティブ情報を自分から提供することは、自分はつまらないオトコですと言うことと一緒です。自分の価値を落とすようなことは、しなくてよいのです。

9

✕〔距離感〕

女性は誰もが自分を特別な存在だと信じています。なので、オンナとひとくくりにされると、内容にかかわらず、「私は違う」と反発を食らうことになります。

10

✕〔距離感〕

食に詳しかったり、料理をする人は、女性ウケします。しかし、問題は鍋です。最近は潔癖症の人も多いですし、恋人以外と鍋をつつくのに抵抗がある人はいます。

11

✕〔距離感〕

自分を面白いと思っている男性は多いですが、女性側はしょうがないからお義理で笑っているということも多いのです。よくあるのが、お笑い芸人や毒舌タレントのマネをして、女性を〝いじる〟こと。バラエティー番組でよく見る風景ではありますが、あれは大物芸能人がパスを出して、オンナ芸人にシュートを決めさせるという〝お仕事〟です。一般人がマネしてはいけません。

12

×〔観察力〕

マッチョな体系が好かれるかより、筋トレという言葉が女性にもたらすイメージを考えてみましょう。鶏のささみしか食べない（一緒に食事が楽しめない）、女性の体型にもうるさそうというのが、多くの女性が連想するイメージです。筋トレは続けてかまいませんが、アピールは控え目にした方が無難です。

13

○〔観察力〕

ざっくり言うと、ヒールは3センチ、5センチ、7センチ、9センチの四種類に分けられます（もっと高いヒールもあります）。ハイヒールをはくと、女性のスタイルは良くなりますが、長時間はいていると足が痛くなります。そこに気づかずに、長時間歩かせると、「この人は気が利かない」と女性をがっかりさせてしまいます。

14

×［観察力］

好きな女性にアプローチする勇気は素晴らしいですが、見ず知らずの男性にいきなり告白された女性が、恐怖心を抱くかもしれないと考えてみたことはありますか？　あなたはその恐怖をも吹き飛ばすほどイケメンですか？　相手がどう思うかを考える習慣をつけましょう。

15

×［観察力］

好きな女性のタイプの話を自分からするのは、リスクのある行為です。女性たちが「私とは違う」と感じてしまうと、ダメ出しをされた気がして、あなたに対する興味を失うからです。好きなタイプは、女性に先に話させる方がよいでしょう。

16

×［観察力］

狙った女子の隣に行きたい気持ちはわかりますが、それはそのほかのメンバーに「興味ありません」と宣言するのと一緒です。距離は徐々に詰めていきましょう。

17

×［観察力］＋［習慣］

レストランを決めないのは、最悪の行為です。曜日や時間帯によっては、お店が混んでいて入れないということはあり得ます。13でも触れましたが、女性がハイヒールをはいていると、長時間歩き回ることは不可能ですし、とっておきのお洋服を着てきたのに、煙でもうもうの焼き鳥屋に連れて行かれたら、服に匂いがうつってしまいます。女性はその日のデートの場所や内容に応じて、服をはじめとしたファッションを決めます。お互いのために、レストランは必ず予約しましょう。

18

×［観察力］

仕事の話を細かくしても、女性には伝わりませんし、どんなリアクションをとっていいかもわかりません。どんな話題がいいかは、第2章「16　ファースト・デートにおける『ほめろじ〜』」（134ページ）を参照してください。

19

×［習慣］

またデートしたい相手であれば、食事くらいはごちそうしてあげましょう。「初めてのデートなので」と付け加えれば、特別感が出ます。お財布にダメージを与えないためにも、レストランをあらかじめ決めて、予算をチェックしておきましょう。

20

○〔観察力〕＋〔習慣〕

女性はデートのために、おしゃれ戦略を練ります。その心意気を理解してこそホメメンです。ファッションに詳しくなくても、色と形は覚えておきましょう。

21

○〔観察力〕＋〔習慣〕

女性は無関心を嫌いますので、自分の好きなものを覚えてくれると、「それだけ私に興味がある証拠」と解釈します。必ず覚えておくようにしましょう。

22

○〔観察力〕＋〔習慣〕

好きなものを覚えておくと、プレゼントをするときに役立ちます。

23

○〔観察力〕＋〔習慣〕

食の好みには、傾向がありますから、そこをつかんで「これ、好きそうだと思って」と差し入れれば、「私に関心がある」と喜ばれることでしょう。

24

× [観察力]

女性の話をすべて記憶しておくのは、不可能です。何を記憶すべきかは、第2章「11　内面のツボを探れ」（104ページ）を参照してください。

25

× [観察力]

女性の悩み相談は、必ずしも〝正答〟を求めているわけではありません。詳しくは第2章「ホメをもって愚痴を制す」（147ページ）を参照してください。

総評

正解の数を数えてみましょう。

0～6個……ホメメン度数は、かなり低め。一から徹底的に学び直しましょう。

7～11個……ホメメン度数は、まあまあです。気づかいはありますが、空回りの傾向があるので、注意しましょう。

12～25個……ホメメン度数はかなり高め。日本人とは思えぬハイレベルです。完璧を目指して、さらに学んでいきましょう。

第1章 基礎編

01 オトコという病
男女における〝好き〟の違い

周囲にいる〝すべての女性〟をほめよう

「ホメメン度自己診断テスト　解答&ポイント解説」（25ページ）において、ホメメンに必要なのは「観察力」「距離感」「習慣」だと書きました。「観察力」と「習慣」は意識すれば身に付くと思いますが、難しいのは、「距離感」だと思うのです。解説を再読していただくとわかると思いますが、ホメメンは同僚の女性、好きな女性、彼女とそれぞれの関係性に応じた「距離感」を保ちながら、周囲にいる〝すべての女性〟をほめることでポイントを稼ぐことを目標としています。

「狙った子以外をほめるなんて無駄だ」——そう思う男性もいるでしょうが、周囲の女性すべてにホメ対応するのには、理由が二つあるのです。一つ目は、女性をほめるトレーニングをたくさんした方が早く真のホメメンになれますし、それがきっかけであなたを好きになる女性が現れる可能性が高くなります。二つ目は、ほかの女性に対する態度で、あなたの人間性を推し量る女性はけっこういるからなのです。

「オンナってそんなところまで見てるの?」と驚いたあなたのために、男女の〝好き〟の違いを解説したいと思います。男性から見ると、「かわいくて性格もめっちゃいい子」を女性がけちょんけちょんにけなすことは、よくあることです。こんなとき、男性はかわいい子に嫉妬していると片づけがちですが、この現象は男女で見ている場所が違うことの表れなのです。

男性の行動原理「ちんころじ〜」

初対面の人を見るとき、まず外見から入るのは男女共一緒です。問題は、内面についてです。女性が女性にいい子認定をするためには、いい子にふさわしい行動という〝証拠〟が必要です。それに対して男性は、その女性の外見が優れているほど、証拠なしにいい子と思い込む傾向があります。つまり、外見=内面なのです。なぜ男性にとってのいい子に証拠はいらないのかといえば、それは男性が「性的メリットを優先する」「判断に無意識に性的メリットをからめてしまう」からなのです。性的メリットにあふれた女性を目の前にすると、男性はそのほかのことを考える余裕がなくなります。なので、外見が良い女性は、内面も良いと自動的に解釈してしまうのです。

男性の行動や判断に性的メリットがからむ原理原則を私は「ちんころじ〜」と名付けました。男性は無意識でしょうが「ちんころじ〜」は、世の中の至るところにあふれています。

たとえば、就活において、特に美を必要としない職種においても、外見の良い女性が採用に有利であることは周知の事実です。面接官は男性が多いですから、つい「判断に性的メリット

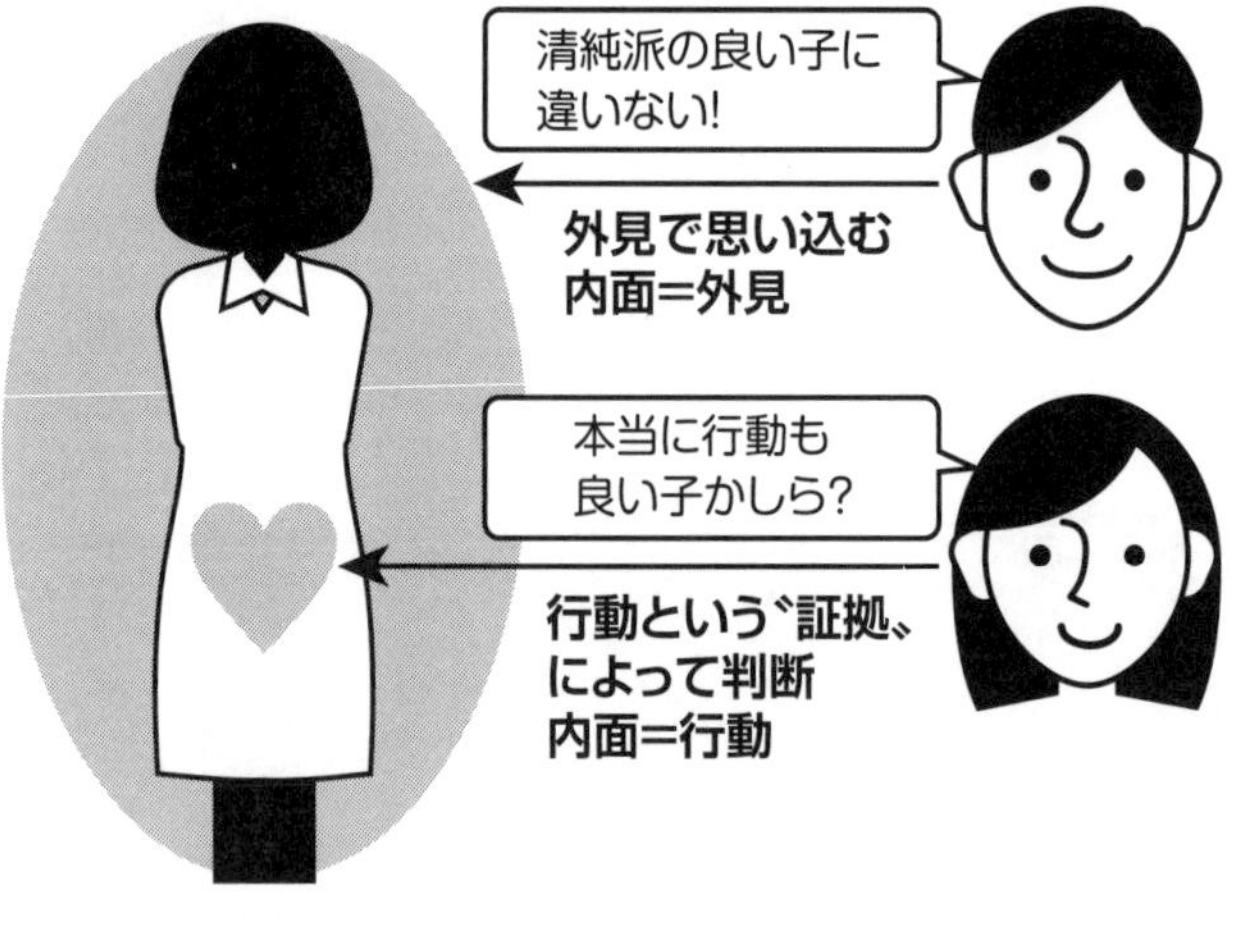

をからめてしまう」のです。女優の広末涼子もその恩恵を受けています。10代でデビューして清純派としてブレイクしましたが、奔放な恋愛遍歴、大学中退、二度のできちゃった婚で世間を騒がせました。人気俳優との不倫疑惑を写真週刊誌に報じられたこともありますが、男性からはいまだに〝清純派〟として人気なのは、「こんなにかわいい子がそんなことをするはずがない」という風に、判断に無意識に性的メリットをからめてしまうからなのです。

売れっ子となったミュージシャンが、長年支えてくれた一般人の妻をあっさり捨て、芸能人と結婚するのはよくある話ですが、これも妻の献身や恩よりも性的メリットの高い芸能人に価値を見出してしまうからです。

ハニートラップも同様です。一夜のあやまちですべてを失うというケースはあとを絶ちませんが、これは、性的メリットを目の前にすると、どうしても警戒心が緩んでしまう男性の性質を利用した罠です。まとめますと、男性の〝好き〟とは外見がいいとイコールです。「オンナだってイケメンが好きじゃないか」という反論が聞こえてきますが、女性はそう単純ではありません。

「自由」「平等」「迫害」の原則

皆さんは少女漫画を読んだことがありますか？　世の女性はたいてい子どもの頃から少女漫画で恋愛を学んで大きくなるため、恋愛（結婚）＝少女漫画という刷り込みが、強くなされています。ということは、少女漫画の男性登場人物の行動を理解し実践できれば、男性はモテるようになるということでもあります。

少女漫画の王道の一つに「モテモテのイケメンが、地味なワタシに恋をした」パターンがあります。藤村真理の『きょうは会社休みます』（集英社）を例にとってみましょう。

主人公の花笑は真面目が取柄の恋愛経験のない33歳OLです。地味ゆえに後輩の二十代キラキラOLから軽んじられていますが、そんな花笑に21歳のイケメン大学生が言い寄り、真剣交際することになります。同じ頃、花笑は偶然イケメン青年実業家と知り合いますが、彼も花笑にアプローチをしてきます。キラキラOLが実業家にアプローチを仕掛けても、「若いのはもう飽きた」とはねつけ、イケメン実業家は花笑に結婚を迫ります。イケメン大学生とイケメン青年実業の間で主人公は揺れ動くわけですが、この作品には女性が好む原理原則が描かれています。

それは**「自由」「平等**（からの勝利）**」「迫害」**です。**「自由」とは、ダメ出しをしないこと。**

恋愛経験のない花笑は自分の感情をコントロールすることができず、元カノに嫉妬してイケメン大学生に八つ当たりすることがありますが、イケメン大学生はそんな花笑を否定せず、かわいいと抱きしめてくれます。花笑が一般職から総合職に転換したいと言い出したときも、「やりたいことは応援する」と全面的に賛成してくれます。

「平等」とは、女性全員を平等に扱うことです。『きょうは会社休みます』に限らず、少女漫画の男性主人公が表面的にはぶっきらぼうに見えても、どんな女性にも紳士的に振る舞う共通点があるのは、差別をする男性は女性にとっ

て魅力がないからなのです。少女漫画では「若いからキミが好き」という告白はあり得ません。「外見と内面を平等かつ公正な審査した結果、キミが一番だ」と選ばれないと納得しないのが、女性です。

もう一つの「平等」、それは収入や社会的地位にかかわらず、女性を〝下〟に扱わないことです。

花笑に言い寄るイケメン実業家は、若くして起業して成功を収めています。収入や社会的信用という観点では会社員である花笑より〝上〟でしょう。しかし、イケメン実業家は花笑に「成功者であるオレの話を聞け」というニュアンスのことは一切言いません。むしろ花笑のアドバイスに耳を傾けます。「オンナなんだから、オトコを立てろ」と性別を根拠に関係性を決定することもありません。

「迫害」とは、年齢や外見など、女性が自分のチカラでどうにもできないことを責めないこと、ピンチや悩んでいるときに、助けてくれることです。年齢差のある恋愛だけに、花笑は結婚について不安を抱えています。現実世界で、結婚願望のある三十代女性と大学生が交際していたら、女性の親も友人も、場合によっては男性側の親も反対するでしょう。けれど、この作品の中ではイケメン大学生の親を含めた全員が、花笑を〝いい子〟〝自信を持て〟と応援してくれます。また、イケメン実業家は、花笑がイケメン大学生との関係に悩んだとき、恋敵にもかかわらずアドバイスをくれますし、キラキラOLが花笑を陥れようとしたときも、黙って花笑を助けてくれます。

「ちんころじ〜」的な観点で言えば、男性にとって女性の魅力とは、顔や体というように「目で見てすぐわかるもの」です。が、少女漫画の洗礼を受けた女性たちにとっての女性の魅力とは「自分の奥深くに眠る無尽蔵なもの」であり、自分でもわからないそれを見つけてくれるのが〝運命の相手〟なのです。

男性はスーパーマンではないので、「自由」「平等」「迫害」を現実社会で完璧に実践するのは、とても無理でしょう。けれど、自由（女性の行動についてあれこれ文句をつけない）と平等（すべての女性への扱いを同じにする）、迫害（年齢や外見などについて触れない）は、無理なくすぐに取り入られるはずです。ホメメンを目指す前の準備運動として、今すぐ始めてみてください。

Point

「ちんころじ〜」を職場で出すのは、やめましょう。

女性への扱いの原則は、「自由」「平等（からの勝利）」「迫害」。

02 ノーメリット・ノーラブ

魅力より記憶で勝負

女性は男性の行動をチェックし、記憶する

シカゴ大学認知社会神経科学センターのステファニー・カシオッポ博士によると、人は出会って0・5秒で、相手を恋愛相手にするかどうか見極めているそうです。異性に出会うと、脳の角回《かくかい》と呼ばれるエリアが活発に活動し、相手の異性が恋愛相手にふさわしいか、過去のデータをもとに選別するのだそうです。

脳が恋愛対象としてOKサインを出すと、男性は視覚をはりめぐらして相手の女性の外見の細部をチェックしだし、女性は相手の男性の行動をチェックしてしっかり記憶するのだそうです。これは男性は女性が健康な子どもを産めるかを確かめるため、女性は男性がいい父親にな

ってくれるかをテストするためではないかといわれていますが、これは男性にとって大チャンスといえるでしょう。**女性が記憶を重視して男性を選ぶというのであれば、男性は初対面の女性に〝いい記憶〟をたくさんプレゼントすればいい**ということなのですから。

ほめることで女性に〝いい記憶〟を与える

恋愛において、一番てっとり早く女性に〝いい記憶〟を与えることができるのは、高収入を連想させるプロフィールやエピソードです。ただし、これは「自分に使ってくれそうだから」という言葉が隠されているので、ある程度女性に使ってあげる覚悟と実績は不可欠です。とな

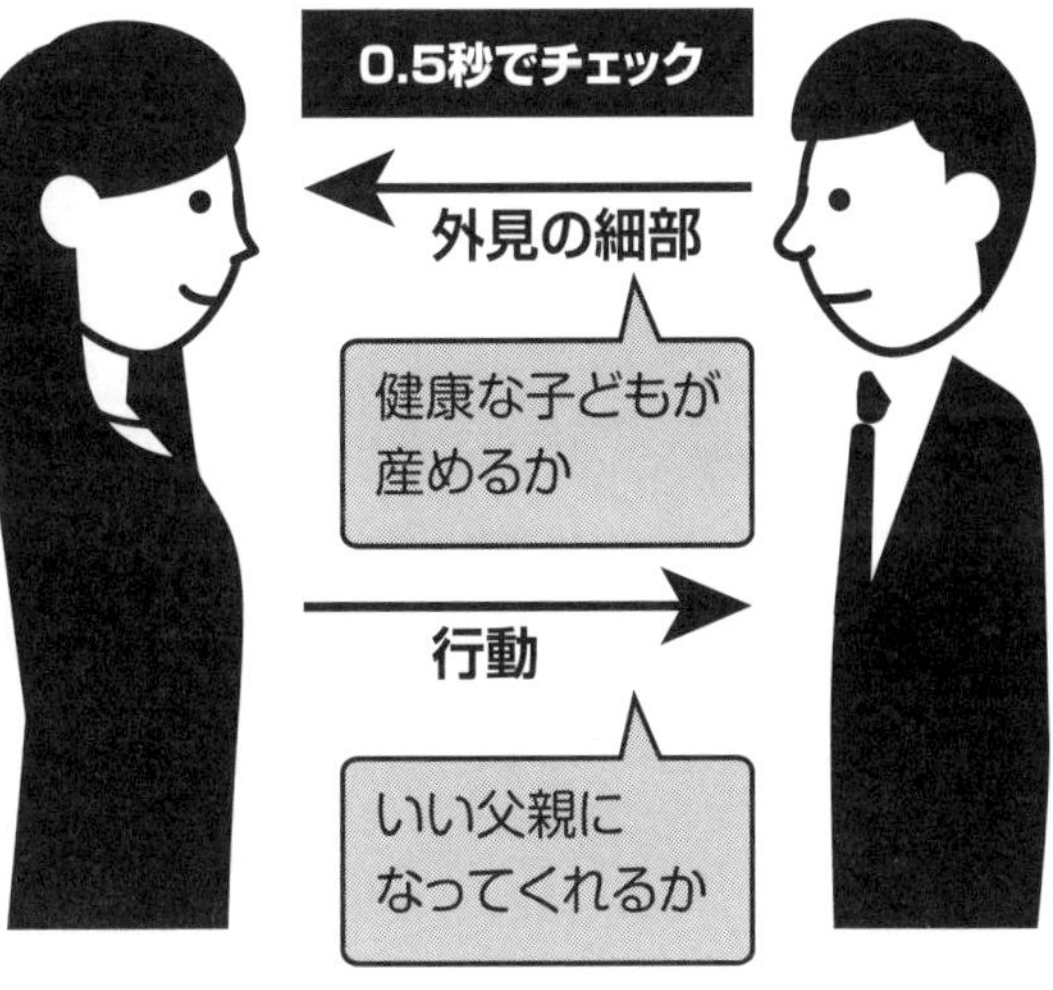

ると、地味に見えて一番〝いい記憶〟に残るのは、やはり女性をほめることといえるでしょう。

最近、バラエティー番組で、公開告白をする恋愛企画をよく見かけます。元サッカー日本代表でタレントの武田修宏も何度かこの企画に参加していますが、いずれも玉砕しています。武田は今でこそ顔のたるんだオジサンですが、現役時代はルックスにも優れたJリーグ成功の立役者として活躍し、モデルやレースクイーンなどと浮名を流しました。結婚願望はあるものの、48歳現在独身。最近、美容に目覚めた武田は「保湿を制するもの美を制する」と自宅に最新式の加湿器をおき、「キスしたときに唇が柔らかい方がいいから」と自家製のパックで毎晩保湿とマッサージを繰り返しているそうです。爪のケアにも熱心で、毎週ネイルサロンに通い爪はピカピカ。ちなみに女性でも、ネイルサロンに毎週行く人は稀です。どれだけ美容に関心が高いかがわかるでしょう。

その武田が恋をしたのは、『Ｏｇｇｉ』（小学館）などファッション誌で活躍する人気モデルの松島花25歳。武田は結婚を前提に交際を申し込みますが、結婚願望がない松島にあっさりフラれてしまいます。その次に武田が恋をしたのは、『ＣａｎＣａｍ』（小学館）専属モデルの堀田茜。松島よりさらに若い22歳の有望株。最近はバラエティー番組でも見かけるようになってきました。

番組の企画で、堀田と食事デートすることになった武田は、序盤から

「どんな印象？　元日本代表の武田修宏」

と自分をアピールしにかかります。堀田は若いので、武田の現役時代を知るわけもなく「バラエティー番組のイメージが強い」と答えて、武田をがっかりさせます。好きなタイプを聞かれた堀田が「面白い人が好き」と答えると、

「俺、面白いよ、俺面白いよ」

と連呼して、堀田に「声が大きすぎます」と注意されてしまいます。明らかに堀田は引いていました。光る爪に堀田が気づくと、武田は意気揚々とこだわりを語り始めます。

「キャスターをやっていた時に、爪がきれいな方がいいと思って、そこから始めたんだよね」

と意識の高さをアピールしますが、堀田は
「一般の人はやらない方がいいと思います」

「男性には男らしくいてほしい」

と遠回しに「ネイルきもい」と伝えますが、武田は気づかず、

「俺、男らしいよ。だって、サッカー部のキャプテンだもん。じゃ、俺のこと好き？」

と懲りずにアピールします。イマイチかみ合わないまま、デートは終了し、告白したものの、やはりダメでした。

20代の人気モデルというモテカーストの頂点にいる女性を、50歳近いオジサンが狙うことがそもそも身のほど知らずなのですが、それを差し引いたとしても、この告白の失敗には〝いい記憶〟が与えられないという間違いがたくさん含まれています。

「平等」の原則に反して失敗した武田

前項「01　オトコという病」において、女性への扱いは「自由」「平等」「迫害」が原則であり、すべての女性に平等に接しなくてはならないと書きました。この平等にはもう一つ意味がありましたね。それは**好きな女性に〝上〟からものを言わないこと**。武田の行動は平等の原則に反しています。

武田は「どんな印象？　元日本代表の武田修宏」と尋ねますが、こう聞かれて「何とも思っていません」と答えられる人はいないでしょう。本心は別として、女性は相手をほめる、もしくは肯定的なニュアンスのことを言わざるを得ません（堀田の「バラエティーのイメージが強い」という発言からはまるで脈がないことがわかります）。

たとえば、キャバクラのように金銭の授受があってサービスを受ける場合や、女性が熱狂的な武田ファンの場合、武田の方が立場は〝上〟です。が、この企画の場合、武田が堀田にお願いして〝会ってもらった〟わけですから、〝上〟からものを言うのは、間違っています。

また、サッカー選手であることを前面に出すのもNGです。日本代表であったことは武田の人生を最大の実績であることは理解できます。が、堀田クラスのモデルであれば、現役サッカー選手と交流があってもおかしくありません。上には上がいるわけですし、過去の偉業をアピールしたところで、堀田には具体的な〝メリットがない〟のです。

〝メリットがない〟のは、爪や唇の手入れも一緒です。武田はアピールポイントだと思っているようですが、考えてみてほしいのです。爪がぴかぴかとか唇が柔らかいと、女性にどんなメリットがありますか？ 不潔なのは言語道断ですが、きれいでも女性にはメリットがありません。『ＣａｎＣａｍ』専属モデルといえば、昔から俳優、有名スポーツ選手、ＩＴ長者、広告代理店の男性とカップルになります。これは決して偶然ではなく、彼らが見た目、カネ、仕事など、女性に具体的なメリットを与えられるからなのです。彼らを押しのけて堀田を手に入れようと思うなら、武田は最初からほめてほめてほめ倒すくらいの気概がなければいけません。

武田は堀田をほめていないわけではないのです。「笑顔がいい」とか、「目がきれい」とほめてはいますが、相手は天下の人気モデル。それくらいのほめ言葉はこれまでの人生で一億回は聞いたことでしょう。この程度のほめ言葉ではインパクトに残らず、〝いい記憶〟にはつながらないのです。もっとオリジナリティあふれる言葉でほめたり、モデルとして将来の夢など、「この人は私に関心がある」と思わせる話をするべきでした。

女性は「他人が自分をどう見ているか」を非常に気にする自意識過剰な生き物です。たとえば、ＳＮＳで愛され自慢をしているアカウントは独身・既婚にかかわらず、たいてい女性です。時々、その嘘を暴くツイートもされますが、これも「どう見られるか」を気にするからこそ、相手の〝幸福偽装〟が捨てておけない、いわば〝逆自意識過剰〟といえるでしょう。

女性の自意識過剰は、子どもを産み、安全に育てるために脳に備わる基礎機能だそうです。だからこそ、好きな女性にはまめに「あなたはいつも素敵に見えているよ」と折に触れて伝えて、〝いい記憶〟を与え、ひいては次のデートへとつなげていきましょう。

Point

- **〝メリット〟を与えられないオトコに魅力はありません。**
- **初対面でどれだけ相手をほめられるかがポイント。**

03 一発逆転！「ほめろじ〜」
穴場は美女と高収入

女性に〝気持ちよく〟働いてもらう力

「男性は稼がなくてはいけない」――こう思い込んでいるのは、ほかならぬ男性自身なのではないかと思うことがあります。それは、女性芸能人の方が収入の高い結婚、いわゆる格差婚の報道を見ると一目瞭然です。

たとえば、歌手の宇多田ヒカルが、元バーテンダーのイタリア人男性と結婚しました。夫は結婚を契機に仕事を辞めたそうですが、男性週刊誌は「ヒモ夫」と書きたてました。大物男性芸能人と結婚した女性が仕事を辞めると「家庭に専念して偉い」とほめられるのに、男性が同じことをするとダメ人間呼ばわりされるのが、何とも不思議です。

女性に暴力をふるって無理やり働かせるヒモは、断じて許されませんが、男性だからといって稼げる確証もない現代、男性に必要なのは、気持ちよく女性を働いてもらう、いい意味での〝ヒモ力〟なのではないかと思うのです。

私はかつて夫の仕事の都合で、ヨーロッパに住んでいたことがありました。そこで、現地の男性と日本人女性のカップルに出会ったのですが、男性はかなりの割合で働いていませんでした。日本の男性週刊誌風にいうと「ヒモ夫」です。

「騙されているんじゃないか」と最初は思いました。異国の地にいる寂しさから、ヒモを寄せ付けてしまったのではないかと思ったのですが、彼女たちと親しくするうちに、それが完全な偏見であることに気づきました。なぜなら、彼女たちがとても幸せそうだったからです。彼女たちの夫は経済活動こそしていませんが、家事育児は言わなくても引き受け、毎日ほめてくれるそうです。

「今日もとてもきれい」
「こんなに頭のいい女性と結婚できて、僕は幸せだ」

もちろん、彼らは記念日は大切にしますし、セックスも頻繁にします。夫のホメ対応で自信をつけた女性たちは、日本人ならではの手先の器用さを活かして、エステやネイルサロンを起業し、成功を収めていました。こうなると、男性はますます優秀な妻をほめ、妻は奮起するという好循環です。**女性は愛するもののために奮起する性質を持っています。お金のない男性との結婚は〝不幸〟を連想させますが、女性が嫌なのは実は労働ではなく、〝努力を無視〟されることと〝無関心〟なのです。**

ほめる男性が高収入の女性や美女をゲットする時代

芸能界においても、ほめる男性が高収入の女性や美女をゲットしていくケースはひそかなブームを迎えています。代表的な例が、元AKB48の川崎希と夫でモデルのアレクサンダーです。川崎はAKB48を卒業したあと、アパレルブランドやネイル、エステサロンを展開し、年商は一億円といわれています。今でこそ、アレクサンダーはバラエティー番組にも出演していますが、結婚した当初は仕事をしていなかったため、ヒモ夫扱いでした。しかし、雑誌『婦人公論』（中央公論社）において、川崎は「アレクをヒモだと思ったことはない」と語っています。

アレクのいいところについて、川崎は

「いつも機嫌が良くて、一緒にいると元気になれる。愚痴を嫌がらずに聞いてくれるところ、そして私の気分を敏感に察知してフォローしてくれるところ」

と述べていますが、これはアレクのおかげで仕事のモチベーションが上がるということですから、こんな貴重な人材はいないでしょう。川崎は大の料理ベタですが、アレクが全面的に料理を担当しているのも素晴らしい分業です。また、アレクは毎日強壮剤のマカを飲んで、セックスに備えているそうですが、自分が相手に何を与えるべきかをわかっているといえます。

俳優の石田純一もほめ上手です。石田はすべての女性をほめることを信条としていて、どうしてもほめる場所が見つけられなかったら、「痩せた?」と言うことにしているそうです。

石田といえば、かつて元『CanCam』モデルの長谷川理恵と不倫をして世間を騒がせましたが、長谷川が『願力　愛を叶える心』(マガジンハウス、2012年)で、石田のほめ力について述べています。石田は長谷川の口紅やマニキュアなど、どんな些細な変化にも気づき、必ずほめてくれたそうです。また、モデルとしての教養を磨くため、芸術に関してレクチャーしてくれたり、おいしいレストランに連れて行って高級ワインをふんだんに飲ませてくれたそうです。一般人男性が、イケメンでお財布にも余裕がある石田のマネをするのは難しいですが、女性をほめるプチトークをすることと、おいしいもの（高いものとは限りません）が女性を喜ばせることは、覚えておきましょう。

最近、タレントの山口もえと再婚した爆笑問題の田中裕二もホメメンです。もえの初婚相手はイケメンのIT系セレブ社長で二子をもうけますが、夫が女性問題や刑事事件を起こしたことをきっかけに離婚します。再婚相手の田中は、小柄で共演者の女性と猫とスイーツの話で盛り上がるタイプですが、前夫と正反対といえるでしょう。田中は毎日、もえを「かわいい」「料理がうまい」とほめてくれ、もえは「結婚してますます好きになった」と語っていました。

イケメン、高収入でなくてもほめるが勝ち

アレク、石田純一がモテるのはイケメンだから、田中がもえをゲットしたのは高収入だからという見方をする人もいるでしょうが、この二つに優れなくてもモテる芸能人がいます。お笑い芸人・FUJIWARAのフジモンこと藤本敏史の奥さんはタレント・木下優樹菜です。番

組の共演がきっかけで知り合い、フジモンがアプローチしましたが、優樹菜は「やっぱりイケメンが好き」という理由で断っています。しかし、フジモンはあきらめず、優樹菜の誕生日のマンションの前に「誕生日おめでとう」という垂れ幕をかけるなど、地道なアプローチを続けます。情にほだされた形で交際が始まり、結婚。フジモンは結婚後も家事育児を担当し、優樹菜の料理は必ずほめ、結婚記念日にはバラの花を贈るなど尽くしています。

お笑い芸人・よゐ子の濱口優も同じです。レギュラー番組を多数持つわけでもなく、イケメンというわけでもなく、『めちゃ×2イケてるッ!』（フジテレビ系）の学力試験では最下位を記録するなど、おバカキャラでもあります。しかし、歴代の彼女は、小倉優子、倉科カナ、藤崎奈々子など名だたる美女ばかり。現在の彼女は18歳年下の南明奈です。

『めちゃ×2イケてるッ!』（フジテレビ系）の「ホメニズム選手権」において、濱口のすごさが光ります。これはオアシズ・大久保佳代子のメイクの違いを3分以内に当てるというものですが、ナインティナイン矢部浩之、加藤浩次などレギュラー陣はまるで気づかない、もしくは気づいていても口には出さないといった対応です。しかし、濱口は開始46秒でメイクの違いに気づき、「いいんじゃない?」「女の人って感じがする」と感想を述べ、女性陣から「優しい」と絶賛されます。男性陣からは「ペテン師」「ウソツキ」とブーイングが起きますが、濱口のしたことは「違いを探して、口にしただけ」。ただそれだけで、女性は「自分の努力が認められた」「この人は私をわかってくれる」と好感を深めるのです。

美女や高収入の女性に憧れはあっても、いざ目の前にすると臆してしまうのが多くの男性でしょう。けれど、ホメメンが狙うべきは、このゾーンの女性だと思うのです。

美女や高収入の女性は努力家が多いですし、恵まれているがゆえに厄介な出来事に巻き込まれた経験も人より多いことでしょう。また、女性は女性ホルモンの影響で、精神的に不安定な時期があり、さらに精神的安定をもたらすセロトニンが男性の三分の二しか作れないため、不安を感じやすいことが脳科学によって証明されています。ということは、**中途半端なイケメンや張り合ってくるプチ高年収の男性より、自分の努力を認めて不安を和らげ、やる気を起こさせてくれるホメメンに、魅力を感じる女性は少なくない**ということです。

Point

- **違いを見つけることも、ほめること。**
- **ほめることは、イケメンにも劣らない特殊技能。**

04 「ほめろじ〜」基本三原則
先手を打って心をつかめ！

知り合ったばかりの女性をほめ続けるには？

「02　ノーメリット・ノーラブ」（44ページ）において書きましたが、ほめるときは、男性が先手を打つことが女性の心をつかむコツです。

そうはいっても、知り合ったばかりで、よく知りもしない女性をどうやってほめたらいいのか、見当がつかないと思う男性がいるでしょう。そこで、男性と女性の決定的な違いについて説明したいと思います。

「01　オトコという病」（36ページ）において、男性は〝性的メリット〟を重視するため、視覚を重んずると書きました。それに対し、**女性は聴覚**（言葉）**と「他人にどう見られているか」**

という自意識を重んじます。ですから、男性は「君は（僕から見て）素敵」を先制攻撃として言葉で伝える必要があるわけですが、そこはほめの不毛地帯に育った日本男児のこと、「かわいい」「きれい」くらいは言えても、2秒でほめるネタが尽きてしまうのは、火を見るより明らかです。そこで、ほめを長くもたせる「ほめろじ〜」の法則を三つ作りました。

原則1　ほめるとは、プロセスを往来すること
原則2　ほめるとは、オンナの手間を理解すること
原則3　ほめるとは、貯蓄型保険に加入すること

女性のしたことを理解して〝関心〟を付け加える

まず原則1から説明します。**「プロセス」とは、〝現在のためにやったこと〟**と理解してください。たとえば、週末の合コンで会った女性は、起きて、身支度をして、電車に乗って、そこから合コンに来たはずですから、起きる、身支度、電車に乗るがプロセスに当たります。「ホメメン度自己診断テスト　解答&ポイント解説」（25ページ）で説明した通り、**女性は「自分に**

関心がある」こともほめられたとカウントしますから、合コンまでのプロセスを理解して、そこに〝関心〟を付け加えることができれば、自動的に女性は「ほめられた」と感じるのです。

たとえば、合コンの日に雨が降っていたとします。一般的に言って、男性より女性の方が身支度に手間がかかっています。天候によって、さらに女性の身支度のプロセスは増えますし（靴や髪型など、雨の日仕様に変える必要があります）、移動もおっくうになりますから、ここは絶好のほめポイントです。

「雨降っちゃったけど、大丈夫（大変）だった？」

もうちょっと濃厚なものでもイケるというのであれば、

「天気が悪いのに、来てくれてありがとう」

もよいでしょう。雨とプロセスを組み合わせることで、面接のようにぎこちない会話に、ほめるエッセンスを加えることができます。合コンに出かけたら、家に帰るというプロセスも発生します。帰宅時間や手段というプロセスもあらかじめ聞いておき、気を配ることも必要です。
また、初心者ホメメンにありがちな会話術に、個人情報を会話の主語にしてしまうことが挙げられます。たとえば、女性がA社に勤務していたとします。

「A社ってどんな会社?」
「A社は○○が好調だよね」

と会社について話してしまうのです。それがNGとはいいませんが、「ほめろじ〜」的に最初にすべきは、**女性が「どう見えるか」を言葉で伝えることです。有名な会社であれば、「A社なんて、優秀な人ばっかりでしょう」「きれいな人が多そう」と言ってあげるのがよい**ですし、もしあまり聞いたことのない会社だったら、「A社って○○区? ○○区の人って美人が多いイメージ」と「どう見えるか」について述べましょう。しつこいようですが、仕事の内容や休日のすごし方、好きな食べ物など、どんな話題になっても、「どう見えるか」について伝えてから、自分の意見を述べてください。

女性の〝手間〟を見つけたら即ほめる

次に原則2「ほめるとは、オンナの手間を理解すること」です。お母さんや彼女に料理などで「これを作るの大変だった」アピールをされたことはありませんか？　おそらく、多くの男性が「ふ〜ん」と聞き流しているでしょうが、この言葉を聞いたら、ほめ時だと心得てすぐにほめてください。**女性は手間をかけることや、難しいことに挑戦すること＝愛情だと思っています。**なので、そこをほめてもらえないとガッカリしたり、腹を立てたりしてしまうのです。

たとえば、「これ、大変だったの」と彼女が、ビーフシチューを作ってくれたとします。ここでの原則1「ほめるとは、プロセスの往来である」を思い出してください。料理をするためには、買い物に行って材料を買い、野菜や肉を炒め、煮込むなどのプロセスが存在するはずです。煮込み料理は時間もかかりますし、場合によっては奮発していいお肉を買った可能性もあります。なので、最初のプロセス「どこに買い物に行ったの？」から聞けばいいですし（その結果、もし、わざわざいつもと違うスーパーに行ってくれたのなら、「ありがとう」と付け加えましょう）、「どれぐらいの時間煮込むの？」「難しいんでしょ？」など、プロセスについて尋ねてください。これだけで彼女は**「手間を理解してもらった＝苦労は報われた」と感じ、いい気持ちになる**はずです。そして、「どう見えるか」を付け加えることを、ここでも忘れないでください。彼女は手間という愛情をかけてくれているわけですから、愛情深い彼女に見える、つまり「僕の彼女は優しい」「優しい彼女で幸せ」と結べばいいのです。

女性の〝嫌い〟をストップさせる貯蓄型保険

最後に原則3「ほめるとは、貯蓄型保険に加入すること」です。「坊主憎けりゃ袈裟《けさ》まで憎い」ということわざを聞いたことがありますか？　お坊さんのことが嫌いだと、お坊さんの身に着けている袈裟まで憎く感じる、つまりある人を憎むと、その人に関係あるすべてが嫌い

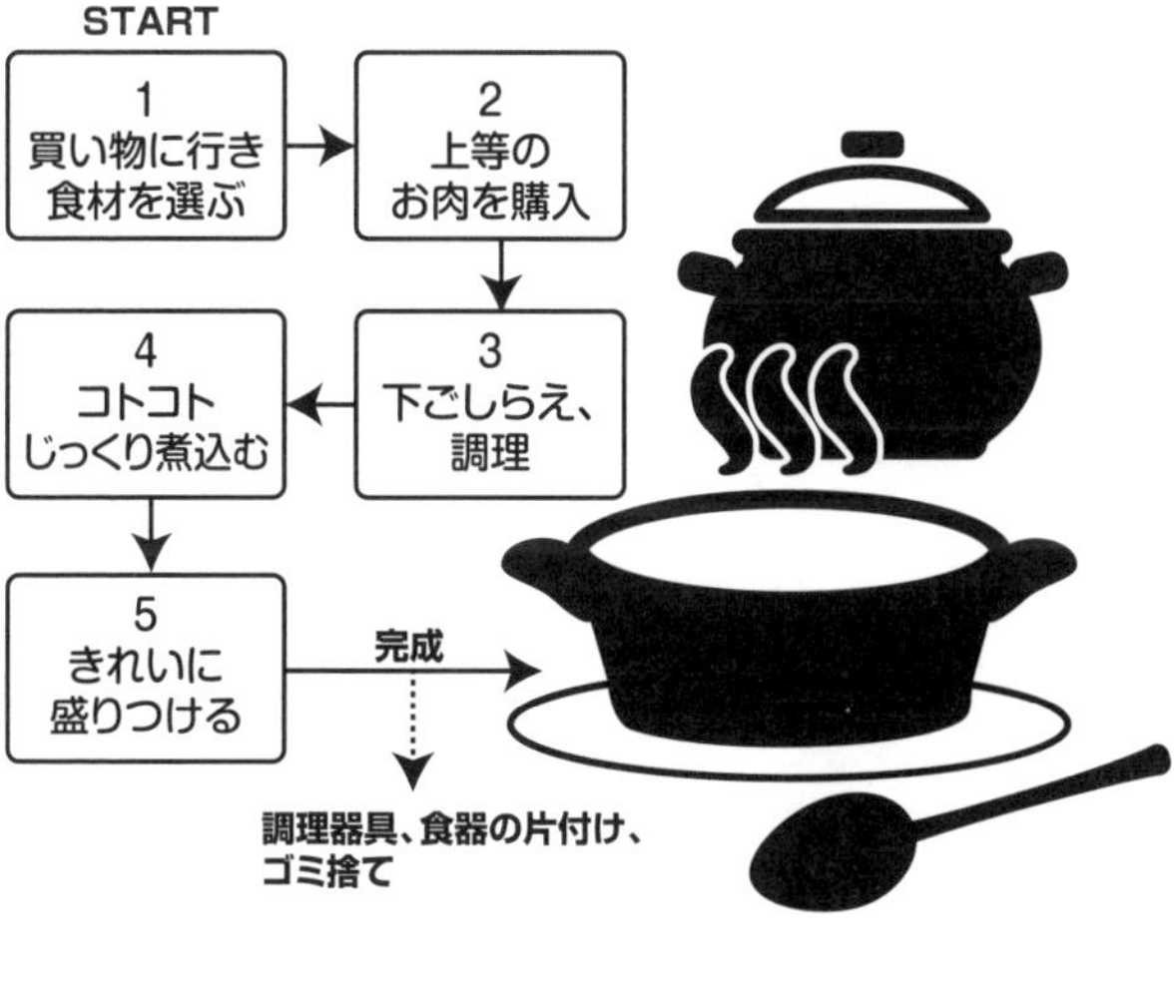

になるという意味ですが、女性心理はこれにとてもよく似ています。一度〝嫌い〟と思い始めると、どんどん嫌いになってしまうのです。

しかし、その〝嫌い〟をストップさせる効力を持つのが、「ほめろじ～」なのです。具体的に言うと、仕事に厳しい上司が二人いたとします。ミスだけあげつらう上司と、厳しいけれど成果も存分にほめる上司では、女性の好感を稼ぐのは後者のタイプなのです。彼女であろうと同僚だろうと、日頃から、女性に「ほめろじ～」を発揮できていれば、ちょっと相手を怒らせるようなことをしても、「あのときは、たまたまそうだった」と解釈してもらえるのです。つまり、ほめは貯蓄型保険。日頃からコツコツほめていれば、女性を怒らせずに済むというビッグな特典付きの保険なのです。どんどんほめていきましょう。

Point

- **男性からほめましょう。**
- **「ほめろじ～」三原則を覚えましょう。**
- **「どう見えるか」を必ず付け加えましょう。**

05 置かれた場所でモテなさい
オトコは常に試される

〝合コン向き〟の男になるには？

「彼女が欲しい」という男性に、「会社の女性はあなたに優しいですか？」と聞くと、たいてい「いやいや、オレは会社の女子なんてまるで興味がない」とか「社外のもっとカワイイ女子にモテたいんだ」という返事が返ってきます。

その気持ちはわからなくもないですが、まず自分が〝合コン向き〟の人物であるかどうか、考えることから始めましょう。合コンのような短期間に決着のつく出会いの場合、男性は高収入（を予想させる勤務先、職種）の人がどうしても有利です。女性は「〇〇社の人との合コンに行く？」という誘い方でメンバーを集めるので、カワイイ女子ほど〝聞こえ〟が悪い合コンには食いつかないのです。

　合コン開催前の時点では、イケメンという資質は有利ではありません。というのは、イケメンかどうかは合コンに行ってみないとわからないからです。女性だって無駄な時間とお金を使って、空振りの合コンはしたくない。となると、その合コンが有益かどうか一番わかりやすい基準は勤務先（年収、職業）なのです。「オンナってひでぇ」と憤る方もいるでしょうが、皆さんも女性の年齢や外見によって態度をがらっと変えていますから、お互いさまというものでしょう。

　それでは、勤務先が武器にならない男性が、カワイイ女子との合コンを取り付けるにはどうしたらいいか。それは身近な女子、つまり職場の女子にとって「人に紹介して恥ずかしくない男子」になって、そこからツテを広げていくことです。何度も書いている通り、女性は「どう見えるか」を気にする生き物です。女友だちをがっかりさせるような、気の利かない男性は自分までヘボいと思われるので会わせません。

　また、男性が魅力的すぎると、ほかの人に紹介するのが惜しくなりますから、誘われなくなります。となると、職場でほどほどのホメメンとなることが、ハイレベル女子とのツテを作る近道となります。

“今の仕事に関係ないこと”には触れない

それでは、職場でどうふるまったら、ホメメンとなれるのか、女性に接するときの三つの原則「自由」「平等（からの勝利）」「迫害」をもとに考えてみましょう。

まず、大前提として会社は仕事をするための場所であり、無料のキャバクラではないことを理解してください。当たり前のことですが、男性は意外と理解していないので、女性から見て不愉快な行為を繰り返しています。**会社は仕事をするための場所であり、女性は雇用形態や外見にかかわらず、仕事仲間です。ですから、会話も当然仕事に付随するものだけに絞りましょう。プライベートについて（交際相手のことや、週末のすごし方など）尋ねるのは絶対にやめてください。**自分から話せば、相手も話しやすくなると勘違いする男性がいますが、単なる仕事仲間のプライベートを知りたい女性はほとんどいないですから、話を聞かされること自体、苦痛です。

また、仕事について話そうと思う男性がやらかしがちなのが、ほめるつもりの「仕事できるよね」や、「なんでハケンやってるの?」です。女性の行動をとやかく言わないのが「自由」「平等」「迫害」における「自由」の基本理念でしたが、なぜハケンをやっているのかは、個人の事情や信条であり、〝今、実際にやっている仕事〟に関係ありません。

そもそも仕事の出来不出来を判断するのは、その女性の上司ですし、モチベーションも個人の自由ですから（出世したい女性もいれば、そうでない女性もいる）、あなたが〝上〟から言うことではないのです。**〝今の仕事に関係ないこと〟は、すべてプライベートですから、触れてはいけません。**

社内の女性から評価＝あなたの真価

次に「平等」と「迫害」です。**女性の年齢や外見についてけなしたり、ほめるのはセクシャルハラスメントですから、絶対にやめましょう。**「相手は嫌がっていなかった」「愛あるイジリだ」などと見当違いなことを言う男性がいますが、女性たちは「どう見られるか」に敏感である特徴を思い出してください。**女性たちが正面切って怒らないのは、会社というパブリックな場所で怒るのがみっともないからで、本当はイヤでも飲み込んでしまっているのです。**ほめるのはいいじゃないかという人もいそうですが、特定の人をほめることもセクハラの規定に含まれています。会社というパブリックな場所で、一方的に性的に値踏みされること自体を不快に感じる女性も多いのです。

「うちの会社の女子に、そんな小うるさいのはいない」と思う男性は、考えてみてください。男性の先輩に「太ってきましたね」とか「髪の生え際ヤバいですね」と言えますか？　男性の先輩には言えないのに、女性に言えるのは、女性を〝下〟に見ている証拠です。そういう「迫害」は女性から真っ先に嫌われます。

「自由」「平等」「迫害」の原則がクリアできていると、自然と女性との接点が増え、会話の内容もプライベート寄りになってきます。その状態になって初めて、個人的な会話をするべきなのです。

この三つを遵守したあとに、プライベートについて詰めていくのは、職場でも合コンでも一緒です。好みでない女子と隣になっても、最低限の「平等」と「迫害」を守れなければ、好みの女子にも嫌われると思ってください。なぜなら、女性は「どう見られるか」を気にする生き物だから。ものすごく高収入、超絶イケメンであれば別ですが、女友だちに評判の悪い男性を彼氏にしたいと思う女性は少数派です。

男性は女性の外見や年齢が対象外だと、即座に排除してしまいますが、**女性は外見とは別に、男性の行動も冷静に観察しています。実際に付き合うかは別として、男性を「潜在的彼氏**

一軍」「同二軍」「絶対ない」と分けているので、行動で〝逆転〟することもできるのです。

女性のネットワークは広いので、一人の女性に働いた狼藉《ろうぜき》はあっという間に社内に知れ渡ってしまいます。社内の女性から評価が、あなたの真価なのです。

会社でモテない人は、外でもモテません。会社はホメメン養成所だと思って、女性に接してみましょう。

Point

- 社内の女子からの評価が、あなたの真価。
- 男性の先輩に面と向かって言えないようなことは、女性にも言ってはいけません。

彼は誰にでも親切で
不快なことを言わないので
とても感じが良い
社内の女性からの評価 ＝ あなたの真価

06 なぜオンナはレディーファーストが好きか

オンナの持つもう一つの〝選考基準〟

「男性を立てる」の真相とは？

拙著『間違いだらけの婚活にサヨナラ！』に関して、女性誌の取材を受けたときのこと。女性編集者が独身男性に対する不満の一つとして、

「レディーファーストができない」

を挙げていました。この話を婚活が難航する男性の知人に話したところ、真顔で

「なんでわざわざ、そんなことをしてやらなくちゃいけないの？」

と逆に質問され、この溝は深いなとしみじみした次第です。

日本には「男性を立てる」「男性に尽くす」という考えが根付いています。たとえば職場の飲み会では、自分の意志に関係なく料理を取り分けますが、これはそうしないと「男を立てられない」「あの女は気が利かない」と言われるからであり、好きでやっているわけではありません。会社の飲み会に女性が参加したがらないのは、仕事以外の場所で男性に気をつかうのが面倒くさいからです。男性が上、女性が下という構図は、女性の管理職が極端に少なく、仕事の査定を男性がすることにも原因があります。男性に気に入られなければ、女性は上に行けないのです。こういった風土で男性が育つと、根拠なく、女性を下に見るクセがついていて、女性は男性に気をつかうのが当然だと思ってしまうのです。

ただ、たとえば職場の飲み会で、女性が料理の取り分けについて、極度にストレスを溜めているかというと、そうでもないでしょう。なぜなら、職場の飲み会は親睦のための仕事と割り切っているでしょうし（本当にイヤなら参加しないでしょう）、料理を取り分けたりする代わりに、部長のような管理職と若手が同じ会費を払うということはないはずですから、負担は相殺されるのです。会社の飲み会という時間の限られた、かつある程度オフィシャルな集いの場合、料理の取り分けは早い方が、会の進行がスムースです。なので、取り分けが苦手な場合や、女性に「まかせて」と言われた場合は、お礼を言ってまかせましょう。「役に立たなくてすみません」の一言も忘れないでください。

問題は同期との飲み会や合コンなど、身分がフラット、もしくは完全プライベートな場合です。こういった場所で、料理を女性が取り分けるのは、「気が利く」という印象を男性に与えたいからですが、参加している女性の中には、口には出しませんがその態度を「男に媚びている」と不快に思う人もいます。アンチ取り分け派の前で、「気が利くね」なんてほめてしまったら、女性に「迫害」を加えることになり「女を下に見ている」「見る目がない」と株が下がってしまうでしょう。

それでは、取り分けたい派とアンチ派双方に波風立てず、自分の株を上げるにはどうしたらいいのかというと、言葉でなく行動で返せばいいのです。つまり、「ありがとう、じゃ、次は僕がやるね」と声をかけるのです。取り分けてくれた人だけにやるのではなく、近くに座るほかの女子にもしてあげるのがポイントです。下手くそなのも、また一興。**「女性に声をかけた」「実際にやった」という〝実績〟が一番重要なのです。**

レディーファーストを習慣化しよう

レディーファーストというと、「女性の下に成り下がる」と解釈する男性もいますが、実は**レディーファーストは、感謝や好意を行動で返すときの規範集**なのです。皆さんが社会人になったとき、ビジネスマナーを叩き込まれたことと思いますが、レディーファーストも一緒です。単なる〝習慣〟ですから、覚えてしまえば簡単です。まったくのレディーファースト初心者は、以下の行動を丸暗記して、実行してみてください。

1　エレベーターのボタンを操作する（女性に先に行かせる）。
2　レストランのドアを開けてあげる。
3　カフェやレストランでは、女性を上座に座らせる。
4　男性が店員を呼ぶ。
5　メニューを女性向きにする。
6　女性の注文が決まるまで、待つ。
7　女性がお手洗いに行っているとき、（割り勘でも）会計を済ませておく。

8　女性のハンドバッグ以外の荷物を持ってあげる。
9　車のドアの開け閉めをする。
10　女性を駅の改札まで送る。

なぜ女性はレディーファーストを好むのでしょうか。

「04『ほめろじ〜』基本三原則」（58ページ）において、原則1「ほめるとは、プロセスを往来すること」と書きましたが、女性の行動を先回りするレディーファーストは、まさにこの原則を満たしています。**先にドアを開けてもらう**（プロセスの先を行く）**行動によって、女性は「この人は私に関心がある」と感じるのです。**つまり、レディーファーストは、「ほめろじ〜」の一種なのです。

女性がレディーファーストを好むには、「ど

荷物持とうか?
この人は私を
大切に扱ってくれる

う見られるか」という自意識にも関係があります。レディーファーストが必要になるのは、ある程度おしゃれなレストランになります。となると、当然、ほかの女性客もおしゃれをしてやってくるでしょう。そこで、相手の男性がレディーファーストができてないと、「隣のテーブルの男性に比べて見劣りがする」とがっかりしてしまうのです。

SNSの普及で、女性のプライベートは〝意図的に見せるもの〟になりました。SNS上のプライベートは真実とは限りませんが、多くの女性はその輝きを本物だと信じ込んでしまいます。SNSによって友だちが幸せそうに見え、「友だちの彼氏より、素敵な人」を探す競争心が高まるのもまた事実です。となると、「こんなことをしてくれた」「こんな風に言ってくれた」という〝エピソード〟を与えられない人を、女性は好まないのです。

言葉で特定の誰かをほめることは、ほかの人を結果的に不愉快にする可能性がありますが、行動で好意を示すレディーファーストは、敵を作ることはありません。今すぐ取り入れましょう。

Point

レディーファーストは、万人受けする「ほめろじ～」。

〝SNS映え〟するオトコになりましょう。

07 オンナは10倍返し

オンナに嫌われたら、生きていけない時代の到来

女性ウケがビジネスに直結する

恋愛以外の男女関係においても「ほめろじ〜」が必要な時代は、すぐそこまで来ています。
たとえば、安倍政権は「女性活用」を政策の一つとして、掲げています。2020年までに、管理職の三割を女性にすることを達成目標として掲げました。また、国連・婦人地位委員会で「2030年までに、指導的立場の女性を半分に」とする目標が提出され、日本政府も合意したそうです。

これはどういうことを意味するかわかりますか？　女性が管理職になるということは、将来的にエグゼクティブになる可能性が出るということですから、女性ウケしなければ新卒の採用面

接を突破できなくなる可能性があるということです。面接には残念ながら、私情がからみます。まったく同じ程度の能力の人間が二人いたら、好きな方を採用したいと思うのが人情だからです。

入社後は女性と一緒に仕事をすることになりますが、女性は「坊主憎けりゃ袈裟《けさ》まで憎い」性質がありますから、女性に信頼されない男性では、仕事上のサポートをしてもらえません。また、女性の上司に評価されなければ、昇進できなくなり、当然年収も上がらなくなります。男性だからといって、当然のように威張っていられる時代は終わるのです。

結婚後のメンテナンスとしての「ほめろじ〜」

結婚したあとも、「ほめろじ〜」は必要です。2014年に放映された、主婦の不倫ドラマ『昼顔　〜平日午後三時の恋人たち〜』（フジテレビ系）は高視聴率を記録しました。

上戸彩演じる紗和は、マイホーム購入のためにスーパーでパートをする子どものいない主婦です。夫が不能のために、セックスレス。暴力をふるったり、ギャンブルをしたりすることのない優しい夫ではありますが、自分の美容にばかり熱心で、紗和を女性ではなく母親だと思って甘え切っています。ハムスターに愛情を注ぎかわいがりますが、紗和をほめることはありません。

吉瀬美智子演じる利佳子は、有名女性誌の編集長の妻で、元読者モデルのセレブ主婦です。経済的には何不自由ない生活を送っていますが、夫に「おまえは顔だけのオンナ」「おまえは何にもわからないいんだから、笑っていればいいんだ」と見下した態度をとられています。

二人は偶然知り合った男性と、それぞれ不倫を始めるわけですが、その引き金をひくのは、夫の〝無関心〟です。紗和が夫を「たまには外に食事に行こう。私、美容院に行こうかな」とデートに誘っても、夫は「作るの面倒くさいなら、コンビニでいいよ」「美容院なんて行かなくていい」と言って取り合いません。

利佳子の夫は、具合が悪いと言って利佳子が寝込んでも、「じゃ、朝飯はコーヒーだけでいいよ」と命じ、奥さんの看病（奥さんの食事をどうするかや薬の手配）については考えもしません。利佳子は「夫は妻をいつ開けても、食べ物が入っている冷蔵庫だと思ってる」とつぶやくことがありますが、ほめる言葉もなく仕事だけさせられたら、妻が「自分は家電と一緒だ」と思っても仕方ありません。妻は生身の人間であり、女性です。

どんな理由があっても、不貞行為は許されることではありませんが、番組の高視聴率は、夫からの無関心を不満と感じている女性がそれだけ多かったということでしょう。特に結婚前、たくさんの男性にほめられてきたモテる女性ほど、夫の無関心を理不尽に感じると思います。所得の高い人の税金が高いのと同様に、人気のある女性と結婚した場合は、高度なメンテナンスが必要になるのです。

あなたの人生の質を左右する「ほめろじ〜」

実際、女性の浮気は増えているそうです。ある女性探偵によると、女性が夫の浮気調査を依頼した場合、実際に浮気をしている確率は六割だそうですが、男性からの調査依頼の場合、九割がクロだそうで、それを知った男性は「まさか」と泣き崩れるそうです。

また、女性の浮気調査は男性に比べて費用がかかるそうです。探偵は日頃の行動パターンから、張り込みの日時をピンポイントで決めるそうですが、依頼主が妻の「いつもの行動パターン」を理解していないために、調査するタイミングが絞り込めず、結果として費用がかさむのだそうです。これもまた、夫がいかに妻に無関心かの表れでしょう。

また、夫婦関係は老後にも影響してきます。ある外科医から聞いた話ですが、命にかかわるような大きな手術を夫がした場合、退院時に「お金は払いますから、もう少し病院においてください」と自宅への引き取りをしぶる妻が少なからずいるそうです。家で看病するより、病院の方が安心というのが表向きの理由ですが、よく聞いてみると、結婚生活の不満が積もり積もって、あんなことをされたのに看病させられるなんて冗談じゃないという本音が隠れているのです。

「あのとき、ああだった」と女性に恨み言を蒸し返されて、閉口した経験のある男性は多いでしょうが、これは哺乳類のメスが子どもを安全に育てるための脳の基本機能だそうです。トラブルに対応するため、ピンチのときの記憶をひとまとめにして保存しておき、い

ざというときにそこから対象法をひねり出すためだそうですが、その際にほかの嫌な記憶も一緒に蘇ってしまうのです。「しつこい」とか「執念深い」と女性を責めてもどうにもなりませんから、嫌な記憶を与えない努力をした方が賢明でしょう。

女性との関係は、寿命にも影響します。妻に先立たれた夫は、平均で1・5年しか生きられないことがわかっています（ちなみに、夫を亡くした妻は平均15年生きるそうです）。また結婚すればいいと思う人もいるでしょうが、「後妻業」という言葉がある通り、資産目当ての保険金殺人や、詐欺も続発しているそうですので、いうほど簡単ではないでしょう。

〝メリット〟を与えなくても、あなたを一生愛してくれる女性は、お母さんだけです。就職、昇進、結婚、介護、老後。あなたの人生を豊かにするのは、女性です。「ほめろじ〜」を習得することは、ラクして生きるコツなのです。

Point

- **「ほめろじ〜」は仕事、結婚、老後と人生トータルに有効です。**
- **〝メリット〟がなければ、女性の心は離れていきます。**

第2章

実践編

08 女装と料理で女性の〝手間〟を理解する

「一緒にいて楽しい人」になるために

女性が身支度にかける手間を知ろう

それでは、さっそく「ほめろじ〜」の実践に入りましょう。

「ほめろじ〜」の原則を思い出してください。原則1は「ほめるとは、プロセスの往来である」、原則2は「ほめるとは、オンナの手間を理解すること」でしたね。ということは、プロセスと手間を理解できれば、女性をほめられるということになります。どうすればプロセスを理解することができるかといえば、体験するのが一番。皆さんにやってほしいのが、女装と料理です。

とはいえ、料理なら気軽に挑戦できますが、女装は環境によって無理でしょう。そこで、女性の身支度について、詳細に記したいと思います。多数派という意味で平均的なデート前の女性の身支度のプロセスは、以下の通りです。

1　シャワーを浴びて、髪、顔、カラダを洗う。
2　髪を乾かして、ブローする。
3　顔に化粧水、美容液、乳液を塗る。
4　化粧下地、ファンデーションを塗る。
5　チークを入れる。
6　アイライン、アイシャドーを入れ、マスカラを付ける。
7　リップを塗る。

所要時間を1と2が各30分、3から7までを各5分と仮定して25分、合計85分かかることになります。さらに服を着たり、アクセサリーを付けたりして、さらに10分。東京から新幹線に乗ったら、名古屋まで行けてしまう時間を、身支度にかけているということです。これだけの手間をかけているわけですから、ほめてもらわなければ女性は浮かばれません。

お笑い芸人のオードリー・若林正恭は、テレビ番組で女装をしてウェディングドレスを着る

企画に挑戦しました。プロセスの多さに驚いた若林は、「オードリーのオールナイトニッポン」（ニッポン放送）において、

「自分でやってみて思ったけどさ、簡単に『ブス』とか言っちゃダメだね」

と述べました。ウエディングドレスから出る自分の二の腕が太いことに気づいた若林は「『二ノ腕、すごいですね』とか言っちゃダメなんだよ。昔、バイト先で頬骨がすごく出ている人に『頬骨どうします？　カンナで削りましょうか？』って言ったら、休憩室で泣いちゃったことがありましたけど、女装してみて初めて思ったの。何てひどいことを言ったんだって」

「本当にメイクとか服とか大変なのよ。男は下から上に向かって、ほめなきゃいけないんだな

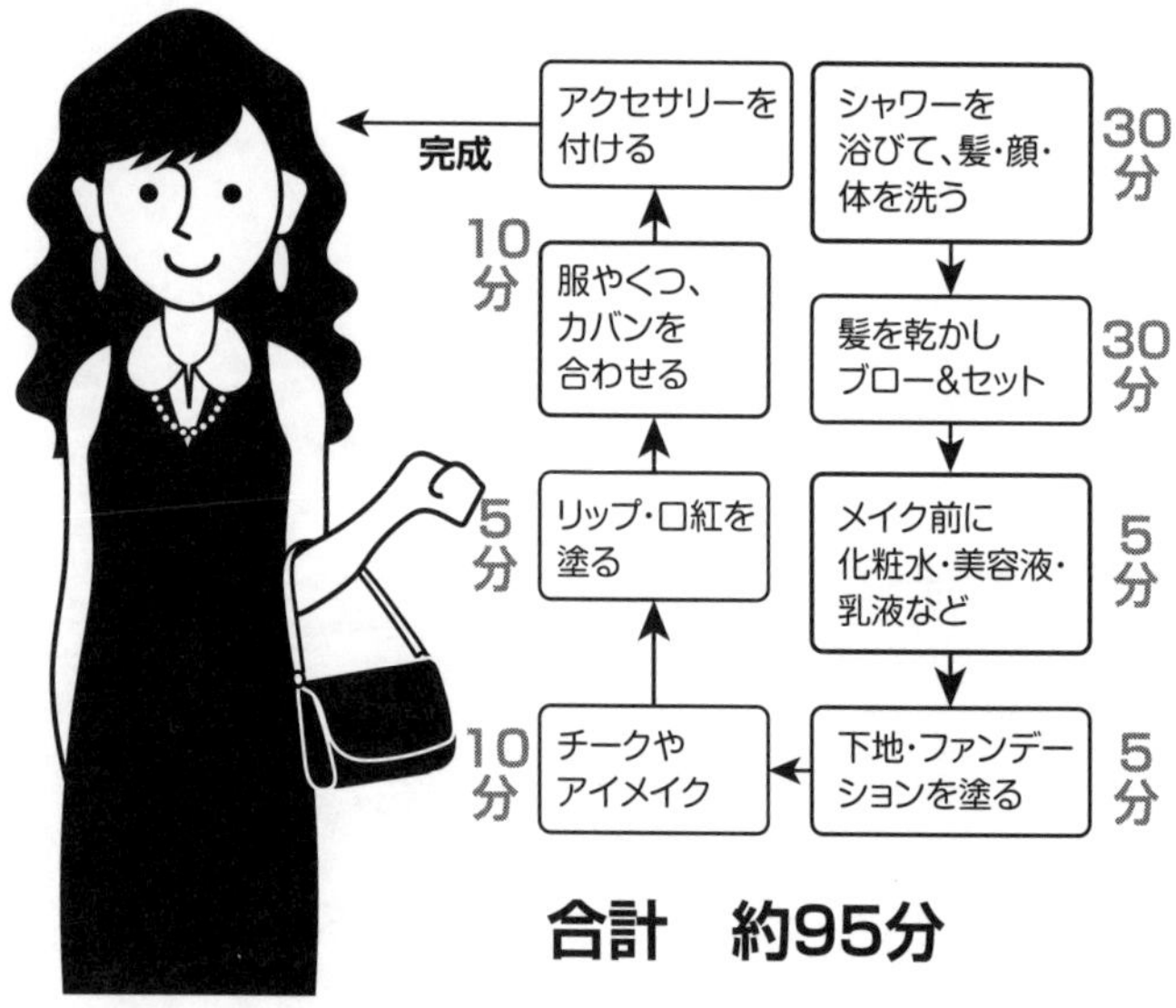
シャワーを浴びて、髪・顔・体を洗う
30分
髪を乾かしブロー&セット
30分
メイク前に化粧水・美容液・乳液など
5分
下地・ファンデーションを塗る
5分
チークやアイメイク
10分
リップ・口紅を塗る
5分
服やくつ、カバンを合わせる
10分
アクセサリーを付ける
完成
合計　約95分

あって」

「百聞は一見にしかず」といいますが、実際に体験したからこそ、思いやりの心が生まれたということでしょう。

料理における〝すべて〟のプロセスを体験してみよう

料理にも挑戦してみましょう。手始めにカレーライスとサラダぐらいは作れるようになりましょう。料理をする際のポイントは、レシピを見ないでも作れるようになることと、〝全部〟を一人でやるということです。

食材を買いにスーパーに行き、調理をし、テーブルを拭いてセッティングして食べる。そこで終わりではありません。食べ終えたら、今度はテーブルを拭いて、皿を洗って食器戸棚に戻してください。ガス台、シンクも洗いましょう。燃えるゴミの日の朝にきちんと出して、ここまでで終了。

買い物をお母さんに頼んで、自分が切って炒めて煮込んだだけでは料理とはいいません。カレーとサラダという簡単な食事にも、けっこうな手間がかかっていることに気づいたと思います。こうやって作った料理を、無言で食べたり、「夕飯いらない」の一言でキャンセルされたら、どう思いますか？　張り合いややりがいを感じられないですよね。

ほめるというのは、「おいしい」と伝えることだけではありません。『浜ちゃんが！』(読売テレビ系）で、チュートリアル・福田充徳と森三中・村上知子にレクチャーを受け、ダウンタウン・浜田雅功が人生初の料理に挑戦します。ちくわのバジルツナマヨ、大根と人参の鮭フレークサラダ、オムライスを作りあげます。

最初は「やりたくない」を連発していた浜田ですが、オムライス用の鶏肉を炒め始めた頃には「こんなの簡単やん。切って炒めるだけ」と徐々に乗り気になってきます。無事にすべてのメニューを作り上げ、試食をします。最初こそ「うん、うまい」という平凡なコメントでしたが、徐々に「この韓国のりが効いている」「ごま油の風味がいい」「バターの香りがする」とレシピに基づいた感想を述べます。福田が「自分で作ったからこそ、ちょっとした違いに気づく」と総括しましたが、「03　一発逆転！　『ほめろじ～』」(51ページ）で説明した通り、〝違い〟を発見することは、調理してくれた人に対しての〝ほめ言葉〟なのです。

定年退職した男性向けの料理教室を担当する先生から、こんな話を聞いたことがあります。受講者の奥さんからお礼の手紙をもらったそうですが、ご主人は食べ物の好き嫌いが激しく、嫌いな食材、好みでない味付けにはまったく箸をつけなかったそうですが、料理教室に通うようになってから、まず奥さんの作る料理のレシピに興味を持つようになったそうです。レシピというプロセスを探ることは「ほめろじ〜」の原則1「ほめるとは、プロセスの往来である」に当てはまります。また、多少好きでない料理でも「せっかく作ったのに、もったいない」と残さずに食べるようになったそうです。一生懸命作った料理を残されたら、嫌な気持ちがするということがわかったのでしょう。

好きな男性のタイプで「一緒にいて、楽しい人」を挙げる女性は多いです。これは、何気ない会話や食事を一緒に楽しみたいという意味です。おしゃれをしてもほめてくれない男性、おいしいものに無反応な男性は、女性をがっかりさせます。面白いデートとは、何も高いお金をかけて行楽地に行くことだけを指すのではありません。週末にでも、さっそく料理と女装に挑戦してみてください。

Point

- **ほめられないとどんな気持ちがするか女装や料理を通じて想像してみましょう。**
- **リアクションの悪い男性は、モテません。**

09 すべての女性が離れられなくなるプレゼント

〝自虐〟を真に受けるべからず

女性にとって〝自信〟とは何か？

女性が１００％の確率で喜ぶプレゼントは何だと思いますか？　**お金はかからず、かつ女性が100%喜ぶもの。それは〝自信〟です。**女性に、自分が世界一魅力的で、かけがえのない存在であると思わせることができれば、女性はあなたから離れることはありません。

まず、人はどうやって自信を持つかについて考えてみましょう。一番わかりやすいのは、〝成果〟を出すことです。難関校に合格する、資格を取る、人気企業から内定をもらう、ダイエットも成否が数字で表れますから、これに該当するでしょう。先天的な資質や親の財力、サポートも必要ですが、〝努力〟がなければ、これらを達成することはできません。

しかし、努力ではどうにもならないことも、女性にはたくさんあるのです。女性特有の自信をなくす要素が、外見と年齢です。男性は性的メリットを優先しますので、恋愛においては外見が重要になってくるわけですが、婚活においてはある一時期から若さが重要になってくるので、美人も安泰というわけではありません。男性と同じように仕事に取り組んでいるうちに、年を取り、それが婚活ではネックになります。

35歳の独身男性医師は文句なくモテますが、同じ年齢の女性医師は、そうとは限らない。努力して同じ資格を取り、同じ仕事をして同じ年収であっても、女性は男性と同等の恩恵が得られるとは限らないのです。

難関大学から人気企業に入り、仕事上でいい成績をおさめ、若く外見が良く、たくさんの異性にモテる――これが成果で自信をつけようと思う女性が目指す姿ですが、冷静に考えてみたら、この条件に該当する人はほとんどいないことがわかるでしょう。ごく少数いたとしても、自分より若い女性は年々現れますから、自信はすぐに揺らぎます。つまり、成果で生み出される自信は、〝一瞬〟でしかないのです。

女性の自信は成果よりも〝環境〟

自信をつけるのに成果は必要です。けれど、もっと大事なのは、それを認めてくれる人、具体的に言うと親を中心とした周囲の環境なのです。たとえば、中堅レベルのA大学があったとします。この学校に入ってよかったと思うという人もいれば、イマイチ誇りに思えないという人もいるでしょう。この違いは親の価値観によるところが大きいのです。親が「A大学なんてすごい！」と思っていれば、子どももそう思って自信を持ちますし、親の希望がもっとレベルの高い学校であったのであれば、子どもに失望は伝わります。

外見の問題も同じです。街で芸能人を見たときに、「テレビで見るよりキレイ」という感想がありますが、芸能人全体の中で比べてしまうからイマイチと思うのであって、一般人の世界であれば、ぶっちぎりハイレベルです。つまり、**女性が自信を持つには、実は成果よりも自分を肯定してくれる環境を選び、そこでほめられて〝成功体験〟を積み上げることが一番簡単なのです。**必ずしもカワイイわけではない、オタサーの姫が自信満々なのは環境選びがうまいからなのです。

モテ武勇伝誇示派と自虐系の共通点

それでは、どんな女性が自信がないのでしょうか？　たとえば、こんな風に男性を手玉にとったなど、モテ武勇伝を披露する女性がいます。男性から見ると、性悪な浮気者に感じられるかもしれませんが、ハズレ。本当に浮気性な女性は、ほかの男性の存在を一切感じさせずにこっそり遊ぶものだからです。それなのに、なぜあえて自分に不利な話をするのか。単にあなたが恋愛対象でないから、どう思われてもいいという可能性もありますが、もう一つ、**そんな自分が「どう見えるか」知りたいのです。相手から評価を求めているというのは、自信のない証拠です。**

自虐をする女子も、自信がないタイプです。そもそも、なぜ女性が自虐するかを考えてみましょう。男性は性的メリットを優先するので、カワイイ女性をちやほやします。女性は「どう見えるか」という自意識の発達した生き物ですので、それを目の当たりにすると、別の存在意義を示すため、**笑いをとることで自己主張しようとするのです。**つまり、自虐は本心ではありません。しかし、男性は女性の発言を真に受けますので、女性が「モテないんです」と言えば、「そうなんだ」と受け止めて、言葉通りに扱ってしまう。男性に自虐を肯定されることで、女性はますます自信がなくなり、「私はやっぱりダメなんだ、魅力がないんだ」という負のループにはまっていくのです。

モテ武勇伝誇示派も、自虐系も「やらなくてもいいことを、あえてする」という意味で、〝過剰〟なタイプで、それだけ認めてほしい、ほめてほしいと内心思っています。あえて余計なことをする武勇伝誇示派には、**「普通の人は黙っているのに、そういうことを言っちゃうのすごいね」「変わってるね」**とほめましょう。「変わっている」というのは、人によって受け止め方はさまざまですが、「普通じゃないワタシ」をアピールしてくる女子には、格好のほめ言葉です。「普通のオンナが好きなんでしょ?」と返されたら、**「特別な人って飽きなくていいよ」**

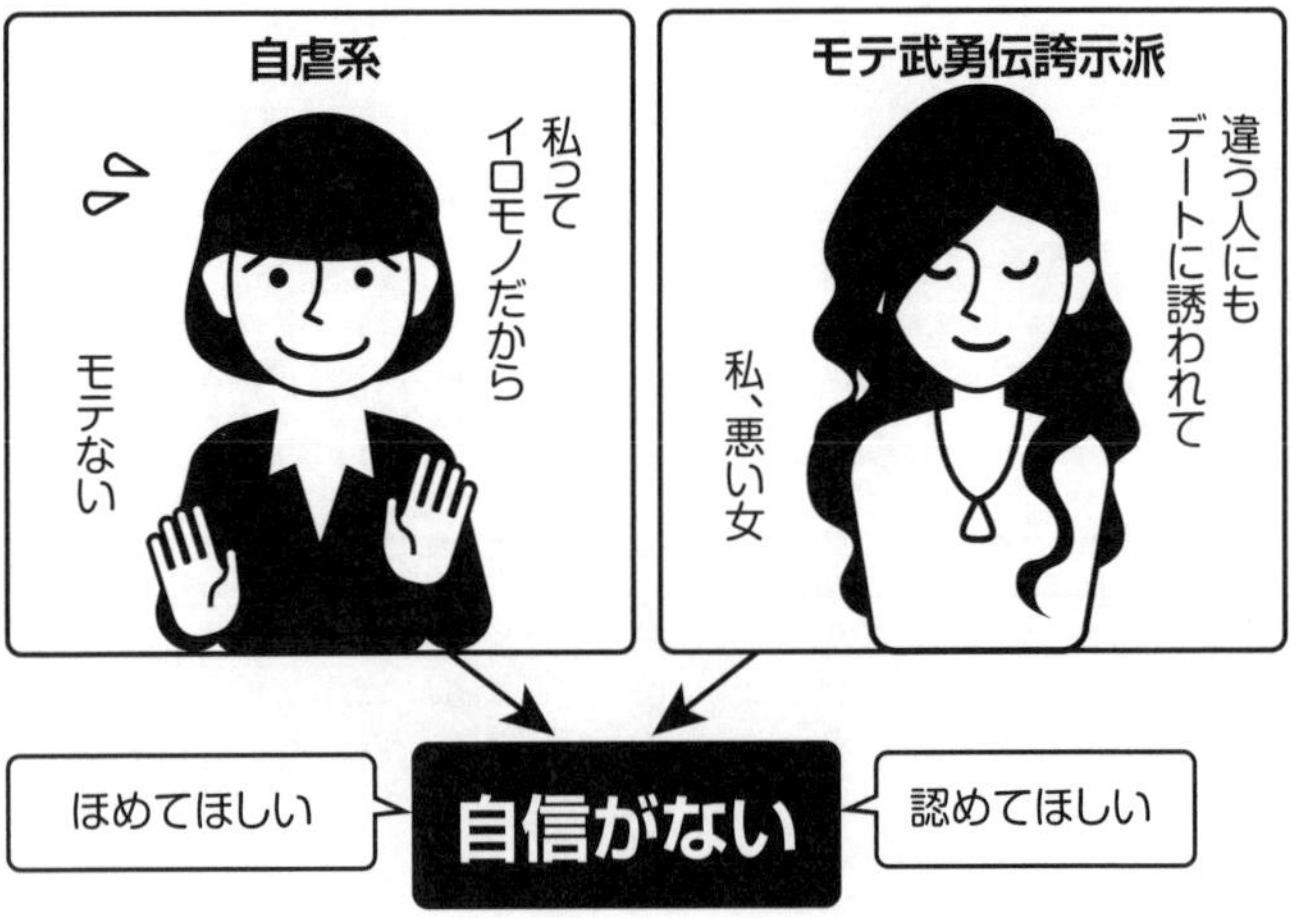

と答えましょう。誇示派には「ほかの誰とも違う」「特別」は有効です。

また、自虐系には一回目は「そんなことないよ」と返してください。自虐系はそれに対して、「そんなことあるの」と持ちネタである自虐エピソードを投げかけてくるでしょうが、この場合も過剰がほめポイントになります。**「気が利きすぎるから、そう思っちゃうんじゃない？」「周囲に気を使いすぎなんじゃない？」**と疑問形で投げかけましょう。「気を使わなくていい」は、自虐系へのキーワードです。

男性に女性の自意識や自信は理解しにくいものだと思いますが、だからこそ、ここは攻め所です。面倒くさいと思うかもしれませんが、何度かほめていれば、がんじがらめの自意識はほぐれて、素直でカワイイ女子に戻ります。自信はお金で買うことはできず、また他人から与えられないとどうにもならない部分があります。ぜひ、女子に自信をプレゼントしてください。

Point

- **自分で自分を上げたり、下げたりする女性は、自信がない人です。**
- **モテるオンナをアピールする女子には「特別な人」、自虐系には「気を使いすぎ」と声をかけましょう。**

10 正しい外見のほめ方

ホメメンは継続から生まれる

「ほめゾーン」を決めよう

日本の男性全員をホメメンにするべく、なんなら義務教育に組み込んで、必修にしてほしいとすら私は思っているのですが（その間、女子には別室で「ちんころじ～」を学んでもらいます）、単にほめればいいというものではありません。のべつまくなしにほめていると、「この人は、誰にでもこういうことを言っている」と思われてしまい、ほめ言葉の信憑性が低くなってしまいます。そこで、誰のどこをほめるか、ほめゾーンを決めておきましょう。

合コンのように、複数の女性といっぺんに知り合った場合は、話した女性全員に「どう見えるか」は話してください。これでミッションコンプリート。あとは、もう一度会いたい女性だけ、積極的に外見をほめていきます。最初は「かわいい」「きれい」といった漠然としたほめ言葉から始めて、どんどん細かいパーツをほめていきましょう。

外見をほめる際のポイントは、二つあります。**一つ目は、生まれつきの部分とそうでない部分（自分の意志で手間をかけている）を両方ともほめること。二つ目は、性的な表現をとらないことです。**

生まれつきの部分とは、顔と体です。性的メリットを重んじる皆さんは、女性の顔はもちろん、バスト、ヒップや脚に興味があるでしょうが、この部分を交際が成立していない段階ではめるのはNGです。いいイメージのある職業にたとえてほめると、簡単に好意を伝えられます。たとえば、手脚が長い、長身、細身の女性には「モデルさんみたい」、清楚でかわいい感じのする女性には、「テレビ見ないからよくわからないけど、女子アナっぽい」と職業でくくりましょう。顔をほめる際は「目が大きい」など好きなパーツを挙げるのが良いでしょう。

そんな見えすいたお世辞や嘘は言いたくないと思う男性もいるでしょう。確かに、冷静に考えてみればモデルや女子アナのような女性はそうそういるわけはありませんから、嘘と言われたら否定はできません。が、「はじめに」で記した通り、**「ほめろじ～」の目的は、ほめることによって、あなたに興味を持ってもらうことです。ですから、厳密に〝似ている〟〝似ていない〟**

を突き詰める必要はありません。それに、「オトコを立てる」という考えがいまだに残っている日本において、皆さんは女性に日々「さすが!」「すごい!」など心にもない嘘を言ってもらっているわけですから、おあいこと考えてください。

ほめたときのリアクションの読み解き方

こんなとき、ほめられ慣れていない日本女性は、「ありがとう」と言っておけばいいのに、いろいろ考えてしまい、次のようなリアクションを取りがちです。

1 「ほめても何も出ないですよ」(自虐)
2 「身長が高くて、いいことなんてなかったです」(愚痴)
3 「私、女子アナって憧れない」(反発)

一見、ほめを拒否されているような感じもしますが、他人から「どう見られたか」という自意識について本人たちが語っているわけですから、これは〝私の中に眠る魅力〟を探す会話であり、十分手ごたえありです。
1の自虐は、実はほめられたくてしょうがない心の裏返しなので、疑問形で返しましょう。**「なんでほめちゃいけないの？」**もしくは**「なんでそんなことを言うの？」**でOKです。
2の愚痴には、他人から「どう見えるか」の自意識を利用しましょう。**「人から見たら、羨ましいと思われるだろうけど、本人は大変なんだね」**でまとめます。
3は、女性に対する扱いの三原則「自由」「平等（からの勝利）」「迫害」の「平等」を使います。女性は全世界の女性の中から、自分一人を選んでほしいという願望を持っていますから、女子アナより、キミの方が〝上〟、**「確かに女子アナって最近は、そうでもないもんね」**と女性を持

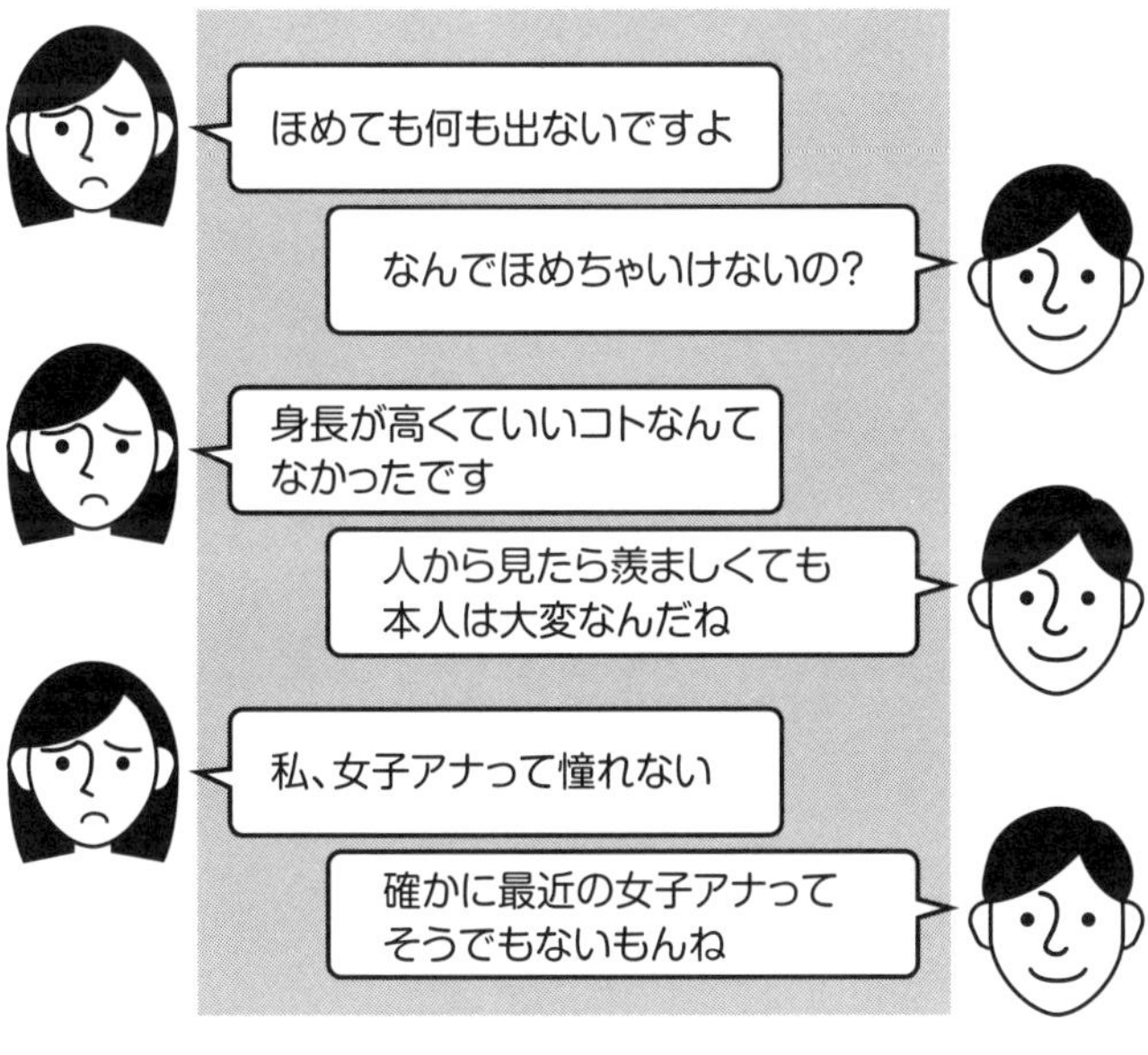

ち上げればいいのです。

外見をほめることは継続的に

生まれつきでない部分（自分の意志でどうにかできる部分）**も、必ずほめましょう。**具体的なパーツとは、髪や、ネイル、ネイルをしていない人は手を指します（女性は夏でもハンドクリームを塗ったり、手入れのためにネイルサロンに通ったりしています）。夏になるとサンダルをはく機会が増えるので、女性は足のネイルも凝るようになります。男性の皆さんは知らないでしょうが、あれもけっこうな手間とお金がかかっています。絵が描いてある、ストーンが付いている場合は「それ、すごいね」とほめてください。ピアスや時計、ハンカチなど持ち物、服の色を「それ、かわいいね」「似合ってるね」とほめるのもいいでしょう。親しくない女性に性的な言葉をかけるのは失礼ですから、バスト以外の上半身の部分をほめてください。

女性の美やおしゃれは、男性ウケだけを狙ってするものではありませんが、出会いの場では多少は気にしているはずです。「ほめろじ〜」の原則2「ほめるとは、オンナの手間を理解すること」にのっとって、ほめてください。自分をほめてくれた人に好感を抱くのは、男女とも同じです。先んじて女性をほめることで、あなたの魅力を二割増しにしましょう。

外見ほめの重要な点は、〝続けること〟です。たとえば、合コンで連絡先を交換し、デートにこぎつけたとします。男性の記憶には、女性の顔とスタイルが残っているでしょうが、女性はそれに加え、合コン中に「ほめられた記憶」が残っています。それなのに、二人きりのデートでほめられないと「前はほめてくれたのに、今日はしてくれない」と落胆させてしまい、ほめたことがかえってマイナスに働いてしまいます。ほめることは継続することに意味があるのです。

ネタがつきないほめ方は、よゐ子・濱口のように〝違いに気づくこと〟です。なので、前回に会ったときの彼女の服装や髪形を覚えておき

ましょう。最初は、トイレに行ったときなどにスマホにメモるくらいの謙虚さ、慎重さが欲しいものです。彼女のファッションすべてを覚えるのは不可能ですから、とりあえず、色と形（たとえば、前回はミニスカートだったというように）、アクセサリーだけに着目して、書き留める習慣をつけましょう。そして

「前の服は〇〇だったけど、今日のも似合うね」

と言えば「相手に関心がある」かつ「似合う」という二大ほめニュアンスを伝えることができます。

「どんなファッションが好き?」と女性に聞かれたら、明確な答えがある人はそれを伝えればいいですが、多くの男性の関心は服の下であり、服のブランドや形はどうでもいいことでしょう（ちなみに、男性が女性のファッションやメイクなど色の変化にうといのは、男性の色覚細胞は三種類しかないのに、大半の女性は四種類を持つからなんだそうです）。けれど、まさか「服なんてどうでもいいよ」と言うわけにはいきませんから、

「ファッションのことはよくわからないけど、毎回違うと楽しい」

と答えましょう。その代わり、毎回〝違い〟を見つけて、きちんとほめてください。美容院に行ったなど、〝新しいこと〟も〝違い〟に当てはまりますから、よほどおかしいと思わない限り、「いいね」とほめてください。

「これ、買ったの。どう?」などと、新しい服や靴を見せられることもあるでしょうが、**違いがわからない場合は、「いいね」に加えて「高級な感じがする」とほめてください。**こうすれば、高級志向の女性も倹約派も、それぞれ「わかってもらえた」「トクをした」と感じて、満足してくれるはずです。

Point

- **女性の生まれつきの部分（顔）と、女性の意志で手間をかけた部分（ファッションや持ち物）の両方をほめましょう。**
- **女性のファッション（色と形）、アクセサリーを覚える習慣をつけましょう。**

11 内面のツボを探れ

〝本当のワタシ〟をあぶり出す方法

突然の女性の愚痴！　その真意は？

あまり親しくない、もしくはほぼ初対面の女性に、いきなり自分のコンプレックスや職場の愚痴を聞かされた経験はありませんか？　なぜ女性がそんな行動をとるかわかりますか？

それは「本当の自分を知ってほしい」からです。

「01　オトコという病」（36ページ）に書いた通り、男性にとっては、女性の外見と内面はイコールであり、たとえばゆるふわファッションの子は、男性は性格もゆるふわだと思い込みます。

しかし、女性は違います。**ゆるふわに見えるけれど、中身は合理的思考のバリキャリとか、屈託のないゆるふわに見えるかもしれないけれど、内面には悩みを抱えているといった具合に、外見と内面はまったく別物であり、この両方の良さを把握してくれる男性を求めています。**なので、「この人は本当の私をわかってくれるか」を試すために、コンプレックスや愚痴などをぶつけ、男性がどう反応するか確かめているのです。**内面が把握できていると女性に思わせなければ、彼氏への〝最終選考〟はクリアできないと考えていいでしょう。**

男女問わず、人は誰しも理解されたいという気持ちを持っていると思いますが、「理解されたい」と「本当の自分を知ってほしい」は、少し異なる感情です。たとえば、某化粧品会社CMのコピーに「一人の女性が自分らしく生きている」「一人の女性が、毎日自分だけの答えを探している」というものがありますし、女性誌には頻繁に「新しいワタシになる」という特集が並んでいます。

もし自分らしく生きているなら、どうして毎日自分だけの答えを探す必要があるのでしょうか？　なぜ〝新しいワタシ〟になる必要があるのでしょうか？　それは、女性が他人に「どう見られるか」という自意識を持つがゆえに、周囲は特に何とも思っていないのに「今の自分は不完全で、本当の自分ではない」もしくは「満足しているけれど、もっと向上しなくてはいけない」という感情にさいなまれているからなのです。一部の女性が占いやスピリチュアルに大きくハマる理由の一つは、占い師たちが絶対に女性たちを否定せず、〝本当のワタシ〟を教えてくれるからでしょう。

〝本当のワタシ〟を話したくさせる

本音を言えば、男女とも内面というものは、そう簡単に理解できません。けれど、好みの女性がいつも同じ環境にいるとは限りませんから、出会った時点でできるだけ早く、他愛のない会話からほめポイントを見つけ出して、**「この人は本当のワタシをわかっている」という印象を、女性に与えなければなりません。**

一番簡単なのは、趣味や休日のすごし方を聞くことです。関係性が浅い時点では、女性も男性に気を使って、会話の糸口になりやすい、もしくはオトコウケのよい趣味だけしか話さないと思いますが、そこは問題ではありません。男性からのリアクションが心地良ければ、女性は「この人は本当のワタシをわかってくれるかもしれない」と感じ、「もっと自分のことを話したい」と思うようになります。

女性がおしゃべりが好きなことは説明する必要はないでしょうが、脳科学的にもその重要性が証明されています。女性は話すことによって、ドーパミンが分泌され、快感が増すそうです。つまり、女性が自分のことを勝手にしゃべり出すことは、男性にとって株を上げるチャンスなのです。

女性が自分で話したくなるようにしなければいけないのに、一部の男性に「自分から聞いておいて、自分の話をする」という〝会話ジャック〟をする人がいます。具体例を挙げてみます。

男性「休みの日は、何をしていますか？」
女性「○○です」
男性「いいですね。僕は××なんですよ」

女性側からすれば、「どうせ自分の話をするなら、わざわざこっちに聞くな」となりますから、最後まで女性に話させることを心がけてください。

ここでも、女性に対する三原則「自由」「平等（からの勝利）」「迫害」を思い出してください。

趣味や休日のすごし方など、**外見から想像もつかない答えが返ってきても、それは本人の自由**

です。全部を「いいね」と肯定してください。

趣味や休日のすごし方から〝将来の展望〟を引き出す

趣味や休日のすごし方は、大きく三つのカテゴリーに分けられます。一つ目は純粋に楽しく、すぐに挑戦できるもの。たとえばゲームや映画を見る、読書などが典型的です。このパターンの場合、共通点を探して会話をしてください。

二つ目は楽しいかつプラスアルファが期待できるもの。たとえば、語学や資格の勉強が代表例で、仮に語学であったら旅行に役に立つこともありますが、仕事や転職にプラスにつながる可能性もあります。スポーツもストレス解消に加え、健康的なダイエットになりますから、同じカテゴリーです。

ここで思い出してほしいのが、「ほめろじ〜」の法則2「ほめるとは、オンナの手間を理解すること」。勉強やスポーツは時間をかけているわけですから、〝手間〟に相当します。まずシンプルに「勉強（運動）するなんて、エライ」「きちんとしてるんですね」とほめましょう。そこから、どうやって、どれくらい勉強（トレーニング）しているのかを掘り下げていけばいいのです。「こういう仕事をやってみたい」とか「大会を目指している」というふうに、**女性から〝将来の展望〟が引き出せたら成功です。**

そのときに「僕はその業界にいるからわかるけど、やめた方がいいですよ」と忠告するのは、それがたとえ真実でも「迫害」であることを忘れないでください。

「非日常」ジャンルへの対応方法

男性がリアクションを取りにくいのは、三つ目のカテゴリー「非日常」でしょう。すぐチャレンジできるものではなく、男性がほとんどいないもの。たとえば、「一年に数回しか行かないんだから、レストランに行った方がいいのでは?」と言いたくなるような専門的な料理（家庭料理でなく、薬膳やマグロビオティック、有名シェフに習うフレンチ）が該当します。

料理というと、つい「自分にも作ってほしい」と男性は言う傾向がありますが、料理を習っているからといって男性のためとは限りません。安易なリアクションは株を落とす可能性があります。ここは法則2「ほめるとは、手間を理解すること」を利用して、手間がかかっているからすごい、素人離れしているという意味で「プロみたいですね」とほめましょう。「ほめろじ～」の法則1は「ほめるとは、プロセスの往来である」でしたが、料理を作ったら、誰かが食べるというプロセスが発生しますから「ご家族に作ってあげたりするんですか？　いいですね」も付け加えましょう。

茶道や華道など、伝統芸能も同じカテゴリーです。無関心な男性には〝何のこっちゃ〟の世界でしょうが、それをうまくシュガーコーティングして、「今どき、珍しいですね」と〝特別に見える〟ことを伝えてください。また、この手の習い事は、代々お母さんが先生をやっている格式の高い家庭の可能性もありますから、法則1「ほめるとは、プロセスの往来である」を用いて、「お母様もなさっているんですか？」というように、家族という〝プロセス〟に言及してみてください。

「今の自分では足りない気がする」という〝本当のワタシ〟を求める心は、女性特有の自意識過剰ですが、ここを肯定してあげることによって、ポイントを稼いでください。

Point

- **女性に話させると、好感度が自動的に上がります。**
- **女性から、将来の展望が引き出せたら、合格です。**

12 会社でホメトレ
イタいオトコ、都合のいいオトコにならないため

男性のレベル分けとレベルアップの方法

「05　置かれた場所でモテなさい」（65ページ）にて、「会社でモテない人は、社外でもモテない」と書きました。つまり、社内でホメメンになることが、社外でもモテるコツとなるわけですが、まず、ここで男性の皆さんに、自分の社内の女性から評価を知ってもらいたいと思います。女性をホメることと、自分のレベルにどう関係があるんだと思う人もいるでしょうが、考えてみてください。仕事の出来を「素晴らしい」と上司にほめられるのと、新入社員にほめられるのでは、どちらがうれしいですか？　まだ何もわからない新人よりも、上司にほめられた方がうれしいですよね？　それとまったく同じ理屈で、**女性は、ある程度自分が認めたレベルの男性**

にほめられないと、うれしくないのです。

同期の男性を5段階レベルに分けます（次ページ表1参照）。5がマックス、1が「あちゃ〜」だとすると、5に該当するのは、イケメンです。同期女性はもちろん、先輩女性もイケメンとは接触回数が多いのでわかりやすいでしょう。4が高学歴、もしくは実家がお金持ちの男子が入ります。日本は学歴社会ですから、学歴が高いほど高収入である可能性が高くなります。また実家がお金持ちであれば、将来的にそれを受け継ぐわけですから、その男性がお金持ちになる可能性は高くなります。

レベル3は、トークの面白い男性が入ります。男性同期の中心的存在となることが多いです。レベル1はちょっと変わり者。会社の人付き合いは極力避け、プライベートも明かさず、自分の時間と空間を大切にします。いずれにも該当しないのが、レベル2です。宴会のときなど、いつの間にかぽつんとしてしまったり、名前を間違えられたりするのが特徴です。

よく見てみるとわかりますが、男性のレベル分けには、イケメンや高学歴など先天的要素が強くからみますが、男性には挽回の余地があります。それは「きちんと仕事をすること」です。「05　置かれた場所でモテなさい」で述べた通り、**女性は彼氏がいても、浮気願望とは違う意味で、周囲の男性を「この人はどういう人か」という目で見ています。イケメンや高学歴でな**

表1　男性の5段階レベル診断

レベル5	・イケメン（性格問わず）。
レベル4	・高学歴もしくは実家がお金持ち、お坊ちゃん（外見問わず）。
レベル3	・トークが面白い、営業など人数の多い部に所属、元体育会系。 ・声が大きい、おいしい店や遊ぶところに詳しい。
レベル2	・社内行事の参加率は高いが、気がつくと隣に誰もいない。 ・「彼女いる？」と聞かれない。 ・聞かれていないのに、自分の恋愛観を話す。
レベル1	・社内の付き合いに興味なし。 ・結婚している、もしくは結婚するつもりの彼女がいることを公言している。

くても、仕事をしっかりすることによって「この人は信頼できる」とレベルを上げることができるのです。

ちなみに「仕事をしっかりすること」に、目覚ましい活躍は必ずしも必要ありません。上司には猛烈にゴマをするのに、女性やハケンには横暴であるといった極端な〝不平等〟はマイナス評価です。上司や周囲と常識的な範囲で礼儀正しく接しながら、一生懸命仕事をすればいいのですから、誰にでもレベルは上げられるはずです。

自分のレベルが思ったよりも低くてガッカリした人もいるかもしれませんが、このレベルは実は流動的です。たとえば、レベル5のイケメンが結婚すれば、レベル1になりますし、レベル4が転勤や転職でいなくなればレベル3以下が繰り上げとなります。

女性のレベル分けとターゲットの設定

ちなみに女性のレベル分けは、次ページの表2のようになります。同期の女性が一人しかいない場合は、その女性が5。同期が二人しかいない場合は、どちらかがレベル5で、もう片方がレベル4です。

ホメメン・トレーニングでのターゲット設定は、自分のレベルよりマイナス1もしくは2のゾーンの女性です。あなたのレベルが3だとすると、レベル2か1の女性を狙いましょう。「いや、自分はレベル5の女子をほめたいんだ」と思うかもしれませんが、それはレベル2と1の女性をほめて余力があってからにしてください。レベル5の女子はほめられ慣れているので、普通程度のほめでは喜びませんし、最初にレベル5をほめてしまってからその下をほめると「本当はレベル5がいいくせに」とほかの女子がヘソを曲げてしまう可能性があるのです。

会社に同期の女性が一人もいないという職場もあるでしょう。その場合、同じ部署、もしくはフロアの「一番年の近い女性の先輩」をターゲットにしてください。なぜ先輩をターゲットにするかというと、もしあなたの「ほめろじ〜」が稚拙で相手が不愉快な場合、先輩女性であれば「やめて」と言えますが、年下やハケンの女性はそれを口に出しにくいからです。

表2　女性の5段階レベル診断

レベル5	・レベル5男子が、常に話しかける、もしくは男子がいつも群がっている女子。 ・上司が、重要な取引先との会食に連れて行く。
レベル4	・レベル5女子が、男子から飲み会に誘われた際、最初に誘う子。 ・都市対抗野球など、対外的かつ華やかな行事に駆り出される。 ・女性の先輩からも飲み会に誘われる。
レベル3	・レベル5、4、2、1以外。 ・社内の女性と仲が良く、よく女子会をしている。
レベル2	・アネゴ系、自虐系などキャラが立っている。 ・飲み会は断らない。 ・座持ちがいいので、オジサン宴会の出席率が高い。 ・レベル4女子のスケジュールがいっぱいのとき、レベル5女子が飲み会に誘う。
レベル1	・同期なのに敬語で話しかけられる、もしくは名字でしか呼ばれない。

また、キャバクラやガールズ・バー、カフェの女性で練習しようと思う人もいるかもしれませんが、彼女たちはお金をもらって〝仕事〟をしているわけですから、お客さんに本音を言いません。なので、トレーニングの対象にしてはいけません。繰り返しになりますが、社内でトレーニングをするわけですから、セクハラを避けるため、外見については触れないこと。

もう一つ、注意することは「女性をほめる」ことは、ホメメンとして重要なことですが、**特定の女子と仲良くなりすぎないこと。**二人だけで出かけたりすると、周囲は二人は付き合っていると解釈するので、その状態のまま、ほかの女性もほめていると、単なる〝調子がいいオトコ〟になってしまいます。
また、ホメメン・トレーニングがある程度うまくいくと、女性に「（独り暮らしの家に）遊びに行ってもいい？」とか突然「遊びに行こう」と誘われたりしますが、それはきっぱり断りましょう。女性の突然の誘いは「あいつなら、ヒマに違いない」と軽んじられている気持ちが隠されているからです。給湯室のような女性の多い場所や時間（昼休み）にのこのこ出没するのも避けてください。女性は「どう見えるか」を気にするので、男性がいては行動が制限され、リラックスできません。
皆さんが目指すべきは〝女友だちの代わり〟ではなく〝社外に通用するホメメン〟です。適度な距離を保ちながら、日々是トレーニングに勤《いそ》しんでください。

Point

まず自分のレベルを上げましょう。

〝便利なオトコ〟にならないようにしましょう。

13 ホメメン・レベルを上げる

上級ホメメンは〝受け身〟である

デキるホメメンは〝曖昧〟を使いこなす

ホメメンとしての自分の努力が正しいのか、手ごたえがほしいと思うときが来ることでしょう。結論から先に言いますと、**自分があれこれしなくても、女性が気を回してくれる、つまり自分が〝受け身〟であることに気づいたら、それがホメメンになった証です。**

たとえば、同期有志の飲み会があるとします。その際に、女性から「今度の飲み会行く？」と聞かれる存在であること。その女子が自分のレベルより上（たとえば、自分のレベルが3だとしたら、レベル4や5の女子）であれば、完璧です。女性が気にかけているということは、女性の脳内で中心メンバーに入っているということですから、それだけ存在感のある男性とみなされている証拠なのです。「ほめろじ〜」は男性側から積極的に仕掛けるものですが、そのリターンは、女性側から提示されるものなのです。

ここまで来たら、もう一段上級のホメメンを目指しましょう。デキるホメメンは〝曖昧〟を使うのが上手です。会社の飲み会といえども、だんだん親密になると「好きなタイプはどんな人？」や「この中で一人選ぶなら誰？」という質問をする人が出てきます。女性は「どう見えるか」という自意識が発達した生き物ですから、男性が口にしたタイプが自分と違うと感じると、たとえ恋愛感情がなかったとしても「私じゃない」とダメ出しされたように感じてしまいます。

それを避けるためには、**全員に当てはまるような当たり前のことを言っておくこと。**

できるホメメンは“曖昧”を上手に使う

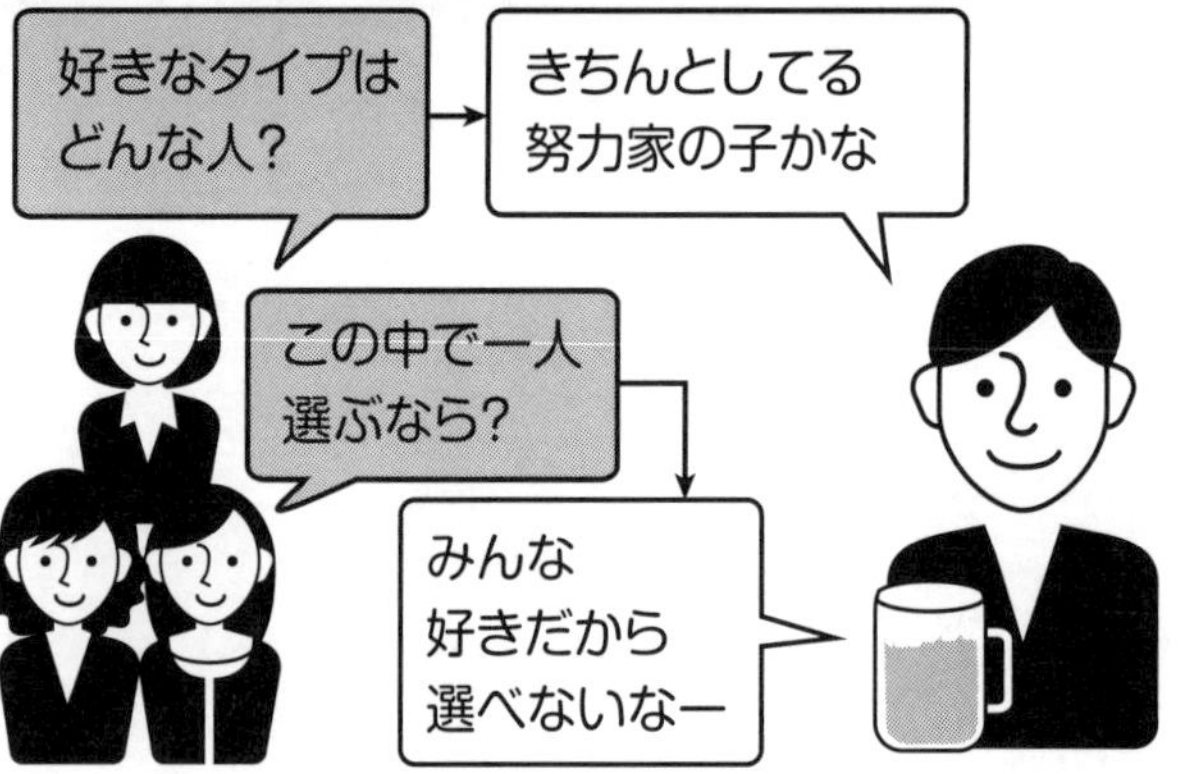

たとえば、**「自分がだらしないから、きちんとしてる努力家の子がいい」**という風に言うのがいいでしょう。**外見についても「肌がきれいな子」とか「髪がきれいな子」というように、形を限定せずに曖昧に表現することで、「私のことね！」と女性にいい意味で誤解を与えることができます。**

「この中で一人選ぶなら誰？」に関しては、その集団の中に本当に好きな人がいれば、ピンポイントで指名するのもテです。そうでなければ、**「みんな好きだから、選べない」**と曖昧にしてしまえばいいのです。全員〝平等〟にくくってしまえば、敵を作ることはありません。

〝くくり〟やネガティブ系クエスチョンへの対処法

くくると言えば、時々、女性は「オトコってＯＯが好きだよね」と男性全員をひとくくりにした議論をふっかけてくることがあります。たとえ「そんなことないよ」と言ったところで、いろいろな根拠を持ち出して自説の主張をすることは目に見えています。そこで、こういうときには、同じく「オンナって」という風に曖昧にくくって質問返しをするのがよいでしょう。

具体例を挙げると

女「オトコって巨乳が好きだよね」
男「オンナもイケメンが好きだよね」

という具合に、**曖昧には曖昧で返せば特定の人を傷つけることもありません。**ホメメンとして地位を築くほど、女子から「どう見えるか」「こう思われている」という自意識系の問いかけをされるようになりますが、この難関を乗り越えてこそ、パーフェクト・ホメメンです。

代表例が「私ってどうして○○だと思う?」。○○には〝モテない〟などのように、だいたいネガティブな言葉が入ります。**「なんで?」とネガティブが結び付いたときは、「原因を探れ」という意味ではなく、「かわいそうな私をなぐさめろ」というサインです。**そういった〝知らんがな! クエスチョン〟には、ポジティブな言葉に「すぎる」を加えるのが無難です。たとえば、

女「私ってどうして彼氏ができないのかな?」
男「真面目すぎるんじゃないの?」

といった調子です。「私って○○に見られる」という発言もよくありますが、○○がほめ言葉のニュアンスであれば「そうだね」と肯定し、ネガティブなものであれば、ポジティブな言葉に「すぎる」をプラスして乗り切ってください。

女「私、すごく人に頼られるの」
男「優しすぎるからじゃない？」

というように使ってみましょう。

上級者向けの裏ワザ「知らない」作戦

パーフェクト・ホメメンだけが使える裏ワザが、「知らない」作戦です。デートの際、女性ウケするお店は、女性に聞くのが一番。そんなとき、親しい女性に「××を食べたことがないんだけど、おいしいの？」と持ちかければ、女性が「じゃ、連れて行ってあげるよ」と言ってくれるはずです。

ポイントは、女性複数と出かける（1対1でない）こと、違う女性と行くための下見だと言わないことです（自分たちをリハーサルに使ったと気分を害する女性もいます）。情報量としてお茶代くらいは負担してあげましょう。

男性は女性に「知らない」と言うことに恥ずかしさを感じるかもしれませんが、**ホメポイントの貯まっている男性に対して、むしろいろいろ教えてあげたいと思うものです。**もちろん、一緒に行ってもらった女子たちには後日「ありがとう」の一言とお店の感想、そんなお店を知っていることについて「さすが」とほめれば、「また○○を教えてあげよう」と女性に思ってもらえます。

労せずして、女性を動かす。パーフェクト・ホメメンは、実は策士の一面も持っています。

Point

- **曖昧にほめる練習をしましょう**
- **ホメメンの「知らない」発言をイヤがる女性はいません。**

14 接して漏らさず

近場での告白準備は、周到に

告白の前に相手と自分のレベルをチェック

彼女が欲しいと願う男性に、がんがん恋をしてほしい。ホメメンとなって、女性と仲良くしてほしいと心から思っているわけですが、その一方で、無駄に玉砕して、傷つくのもやめてほしいと私は思っています。

学校や職場でろくに話したことのない女性に、突撃告白する人がいますが、成功率が低いので、やめた方がいいと思います。自分から告白するガッツは称賛に値しますが、その女性に彼氏がいた場合、告白したところで普通はお断りをされます。相手の女性に彼氏がいるかどうかを含め、告白するのには、いくつか〝準備〟が必要となります。

まず、「12　会社でホメトレ」（111ページ）の男性・女性のレベル分けの表を参照し、自分と女性のレベルをチェックしてください。**自分と相手の女性のレベルが同じ、もしくは上下1つ以内なら告白する資格あり、2つ以上離れていると、はっきり言って無理である確率が高いです。**具体的に言うと、レベル5の女性と付き合える可能性があるのは、レベル5、もしくはレベル4の男性です。自分がそのレベルに達していなければ、自分のレベルを上げるのが先です。男性は性的メリットを優先しますので、女性の外見がよっぽどイヤでなければ受け入れる可能性がなくもないですが、女性の場合、このあたりの判断は非常にシビアです。

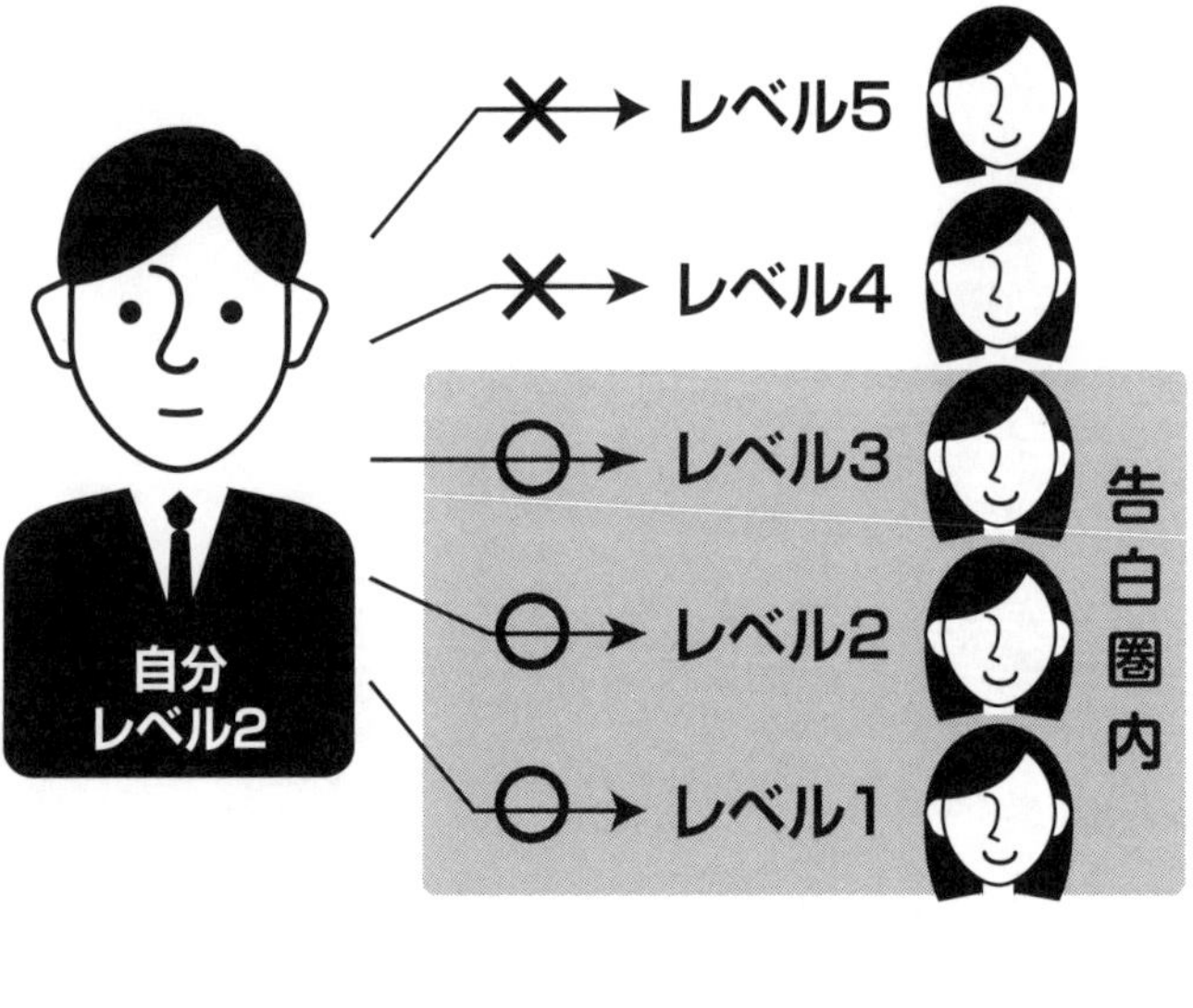

彼氏の有無を探り、相手の情報を集める

レベルチェックが済んだら、次にすべきことは、相手の女性に彼氏がいるかを確かめること。恋愛については、本当のことを言わない人もいますので、何とも判断がつかない部分もありますが、ここがホメメンとしての腕の見せ所です。社内には、事情通の女性が必ずいて、彼氏の有無などプライバシーまで把握している人がいますので、その女性と雑談しながら探っていきましょう。

ただし、その際に間違っても、「○○ちゃんって、彼氏がいるの?」と聞かないこと。「○○ちゃんのことを好きらしい」と言いふらされる可能性がありますし、またこの先、違う女性を好きになる可能性もあるわけですから、余計な〝弱み〟を見せる必要はないのです。事情通の女性をAさんとしましょう。まずAさんと仲良くなって、Aさんに詳しくなることから始めましょう。

仮に彼氏がいない気配だとしても、だからといって即突撃するのはよくありません。まず、相手のことをよく知ること。もし彼氏がいたとしても、どんなタイミングで別れるかはわかりませんから、情報を収集しておいて損はないでしょう。好きなタイプ、嫌いなタイプ、今(も

しくは前）の彼氏についてなど、ひと通り知っておくこと。雑談もバカになりません。相手の女性が先輩を「頼れる」とか「デキる」とほめることがあると思いますが、どういった点が頼れると感じるかなども、きちんと理解しておきましょう。

メール、LINEのアドレスを教えてもらったら、時々短いやりとりをするなども大切なことです。既読スルーが続くとか、話がはずまないということであれば、連絡自体するのをやめた方がよいです。女性側から連絡が来るまで根気よく待ち、そこでホメ活動を展開していきましょう。「12　会社でホメトレ」を参照して、まず女性のレベルをチェックしてください。最初に外見をほめるのはどのレベルでも一緒ですが、レベル4と5は内面（「11　内面のツボを探れ」（104ページ）参照）を、レベル3、2、1であれば外見を（「10　正しい外見のほめ方」（96ページ）参照）を重点的にほめてください。

困っているときを狙って適切な後方支援を

職場など、よく顔を合わせる場所で好きな人ができた場合、**大事なことはタイミングを読むこと、つかむことです。**好きな気持ちが強いほど、男性は自分のアピールをしてしまいますが、女性にとって好きでもない相手にぐいぐい来られても、迷惑なだけです。相手の女性のそばにいて、今の相手の状態（たとえば、仕事が絶好調とか、行き詰まっている、新しい仕事で不安だなど）を観察しましょう。彼女が気にしている案件に限り、「○○って言っていたけど、どう?」とLINEなどでメッセージを送ってもかまいません。ただし、既読スルーだったり、「大丈夫だよ」程度のあっさりしたものだったら、深追いしないこと。

「02 ノーメリット・ノーラブ」（44ページ）において、女性に〝いい記憶〟をプレゼントする重要性について述べましたが、女性にとって「自分が困っているときに心配してくれる人」「気にかけてもらう」ことは、〝いい記憶〟に直結しやすいのです。周囲にバレバレアピールをするのではなく、**ピンポイントな後方支援をすることによって、女子を至近距離まで引き寄せる。**これが、ホメメンならではのテクニックです。

Point

- **リサーチなしに、告白してはいけません。**
- **相手の女性が困っているときが、チャンスです。**

15 出会いにおける「ほめろじ〜」
「事前」と「事後」を重視せよ

女性はいつも〝誰か〟と自分を比べている

先日、女性誌の取材で、ずっとカレがいないという若い読者のお悩みに答えました。質問者である若い女子たちは、読者モデルなど、外見レベルは一般女性よりずっとレベルが高い存在です。特に高い理想にこだわっているようでもありませんが、彼女たちに共通しているのは、〝思い込み〟の強さです。

たとえば、料理や片づけが苦手なAさんは、人気モデルのインスタグラムにアップされた凝った手料理を見て、「こんなにキレイで、料理もできて……。それに比べて私は」とすっかり自信をなくし、「どうせ彼氏ができたって、フラれてしまうに違いない」と恋愛におよび腰になってしまいました。また、ティーンの頃からずっと読者モデルをしているBさんは、「外見は派手だけど、本当はオタク。男性にバレたら、嫌われる」と深い付き合いを恐れています。彼女たちの悩みは「女性なのに、料理や片づけが苦手なのは、恥ずかしいことだ」「女性がオタクなんて恥ずかしい」というように、「女子はこうあるべし」という〝規格〟に当てはまらない自分は不完全であると感じていることです。

女性独特の発想だと思いますが、女性はいつも〝誰か〟と自分を比べています。クラスメイトや同僚という近い関係の場合もありますが、芸能人やSNSの中の人とその〝誰か〟の範囲は、非常に広いのです。「自分は〝規格外〟だから、恋愛してもうまくいくわけはない」――こういう女子を恋愛市場に戻すために、女性のあり方（たとえば家事上手、オトコに尽くす）を打破すること、具体的に言うと**「そんなことしなくてもいいんじゃない？」**という言葉をかけてほしいのです。

実績のない女性の家事上手や尽くす発言は、「そう言ったらほめられるはずだ」という打算であって、本当はオンナは尽くすべきという風潮にうんざりしている人もたくさんいます。それをあえて否定することで、「この人は、フツウの男性と違う」とほかの男性との差別化が図れるのです。

もう一つ重要なことは、**ほかのどんな女性とも比べないこと。**人気女優はもちろん、同僚や、家族をほめるのもＮＧ。「私とは違う」とその言葉をひきずり、心を閉ざしてしまう可能性があります。

「ほめろじ〜」のタイミング「事前」「事後」

外見や内面を言葉でほめる、レディーファーストのマナーを身に付けることで、皆さんのホメメンスキルは格段にアップします。が、ほめるだけでは、女性は恋人にはなってくれないのです。女性が皆さんに興味を持ってくれたときに大切なことは、タイミングです。

「ほめろじ〜」におけるタイミングは、以下の二つです。

１　いいこと、悪いことは早く段取りすること。（事前タイミング）

２　悪いことについて、もう一度コメントすること。（事後タイミング）

まず、１について説明しましょう。「いいこと」とは、〝お祝いごと〟と考えてください。誕生日や相手の女性の昇進試験が終わったあとの打ち上げなど、お祝いという口実があれば、女性を誘う口実になります。ただし、まだ交際が確定していない場合、あなたの優先順位は、そう高くありません（誕生日当日は、彼女は家族や友人と先に祝いたいと思うかもしれません）。なので、「お祝いしたいけど、どう？」と誘って相手の反応を見ましょう。祝ってもいいということであれば、すぐに段取りしましょう。

「02　ノーメリット・ノーラブ」（44ページ）において、女性は「どう見えるか」という自意識が発達しているがゆえに、ＳＮＳで愛されアピールをする人が多いと書きました。誕生日を祝われている姿をＳＮＳにアップし、友だちが「いいね！」ボタンを押してコメントがつけば、優越感をもたらしたあなたの株は自動的に上がっていきます。繰り返しますが、口に出したら必ず実現させること。祝ってあげると喜ばせるようなことを言っておいて、何もしないというクチばっかりが、女性が一番嫌うパターンだからです。

「悪いこと」には素早く対処すべし

「悪いこと」というのは、女性の期待を裏切ること、女性の負担が多くなることを指します。

たとえば、彼女の誕生日を祝う約束をしていたのに、何らかの用でそれが無理になったら、それは悪いことに該当します。すぐに連絡して、事情を細かく（たとえば、出張になったなど）説明し、すぐにスケジュールを再調整しましょう。

よくあるパターンが、今の時点でスケジュールがはっきりしないので「帰ってきてからでいっか」と先延ばししてしまうこと。その間に、相手の女性は「なんだ、社交辞令か」とテンションを下げてしまいます。こういう理由で今ははっきりしたスケジュール調整ができないけれど、○月×日に連絡すると、女性に聞かれる前に説明しましょう。**これは仕事のほうれんそう**（報告、連絡、相談）**とまったく一緒です。仕事のデキる男性はモテると聞いたことがあると思いま**

すが、段取りの悪い男性は、仕事でも恋愛でもいい成績を残すことはできません。

「2　悪いことについて、もう一度コメントすること」というのは、自分の仕事の都合などで、相手を待たせたり迷惑をかけた場合、デートの翌日に

「僕の都合で迷惑をかけてごめんね。会ってくれてありがとう」

という風に一言添えることです。いずれも男性からすることで、女性は「この人は誠意がある」と感じます。今の若い女子は仕事をしていますから、仕事でデートが延期になることくらいで、怒ったりしません。が、それらに対する連絡や対応の遅さが後手になることに関しては、間違いなく腹を立てます。ほめるのと同じくらい、タイミングを大事にすることを心掛けてください。

Point

- **いいこと、悪いことが起きたときは、女性にすぐに連絡しましょう。**
- **悪いことが起きたときは、翌日に男性側からもう一度、謝るを繰り返しましょう。**

16 ファースト・デートにおける「ほめろじ～」

段取りが悪いオトコは嫌われる

「レストランが決められない男」の罪

『間違いだらけの婚活にサヨナラ!』を書いてから、婚活女子の皆さんのお悩みを聞く機会が多いのですが、断トツ一位が、「レストランが決められない男性ってどう思いますか?」なのです。

A子さんは、ドライブデートに行きました。お昼時になると、彼は山のふもとに車を停め、「山頂のおそば屋さんに行こう」と言ったそうです。一時間かけて山を登るうちに、雨が降り出し霧が出て前がろくに見えなくなりました。ようやくたどり着いたおそば屋さんは、定休日でした。このほかにも、男性のすすめる店が見つからず、ひたすら歩き回った。こちらからお店を提案すると否定ばかりで自分の意見は出さない。「イタリアンでいい？」と言われて連れて行かれた店がファミレスだったなど、お店でがっかりした例は枚挙にいとまがありません。

これらのエピソードをツイッターに書いたところ、男性から

「なぜ、オトコが店を決めなければいけないんだ！」

という怒りのリプライがつきました。

それでは、まず、どうして女性が店を決めない男性をイヤだと思うのかについて、説明します。「ほめろじ～」の法則2「ほめるとは、オンナの手間を理解すること」を思い出してください。女性は好きな人のために手間をかけることが愛情表現だと思っています。なので、**男性が店を選ぶという手間をかけてくれないと、自分の思考回路からいって「手間をかける価値のないオンナ＝愛されていない」と感じてしまうのです。**これは男女どちらが正しいということではなく、単なる〃違い〃ですから、「店を決めないと印象が悪い」と丸暗記してください。突然会うことになった場合以外は、食事をする店はあらかじめ決めて予約しておきましょう。「ホメメン度自己診断テスト　解答＆ポイント解説」（25ページ）において述べたように、お店によって女性はファッションを決めるので、店を決めないと、準備に支障をきたすのです。

店を選び、事前に同意を得ておく

前述の店を決めることに失敗した男性には、特徴があります。それは、行ったことのない店に女性を連れて行こうとしたこと（もし、行ったことがある店であれば、場所や定休日を間違えることはないでしょう）、自分一人で店を決めたことです。おいしいという感覚は個人差がありますし、アレルギーがある可能性も考えると、やはり二人で「どこにする？」と決めた方がいいのです。社内の親しい女子においしい店、行きたい店を教えてもらったり、営業マンに聞くのも手です。そういう人はいないというのであれば、料理のジャンルと食べられないものを相手に聞いて、食べログ3以上で探しましょう。

店をだいたい絞り込めたら、必ずすること。それは、女性に「この店でどう？」と意見を求めること。**女性に了承を求めた時点で共同責任になりますから、店が期待外れでも男性側の責任にはなりません。**女性側から「ここなんてどうですか？」と新たな提案があれば、素直にそこにしましょう。予約も必ず男性がしましょう。

店を二人で決めるときのポイントは、スケジュール調整のスタートを早くすることです。平日は働いているわけですから、やりとりが滞る可能性はあります。なので、たとえば土曜日に夕食を共にするデートであれば、月曜日からやりとりを始め、水曜日までには店を決めて予約を済ませ、待ち合わせ場所まで完璧に決めておくこと。スタートが遅いほど「私に興味がないんだ」と思われてしまいます。

待ち合わせ場所は、カフェにしましょう。「08　女装と料理で女性の〝手間〟を理解する」（84ページ）で書きましたが、女性の身支度には手間がかかっています。はりきりすぎて、想像以上に時間がかかってしまい、約束の時間に遅れる可能性もあります。遅刻はほめられたことではありませんが、カフェであれば、待たせる方も待たされる方も、比較的ストレスなく待ち続けることができます。

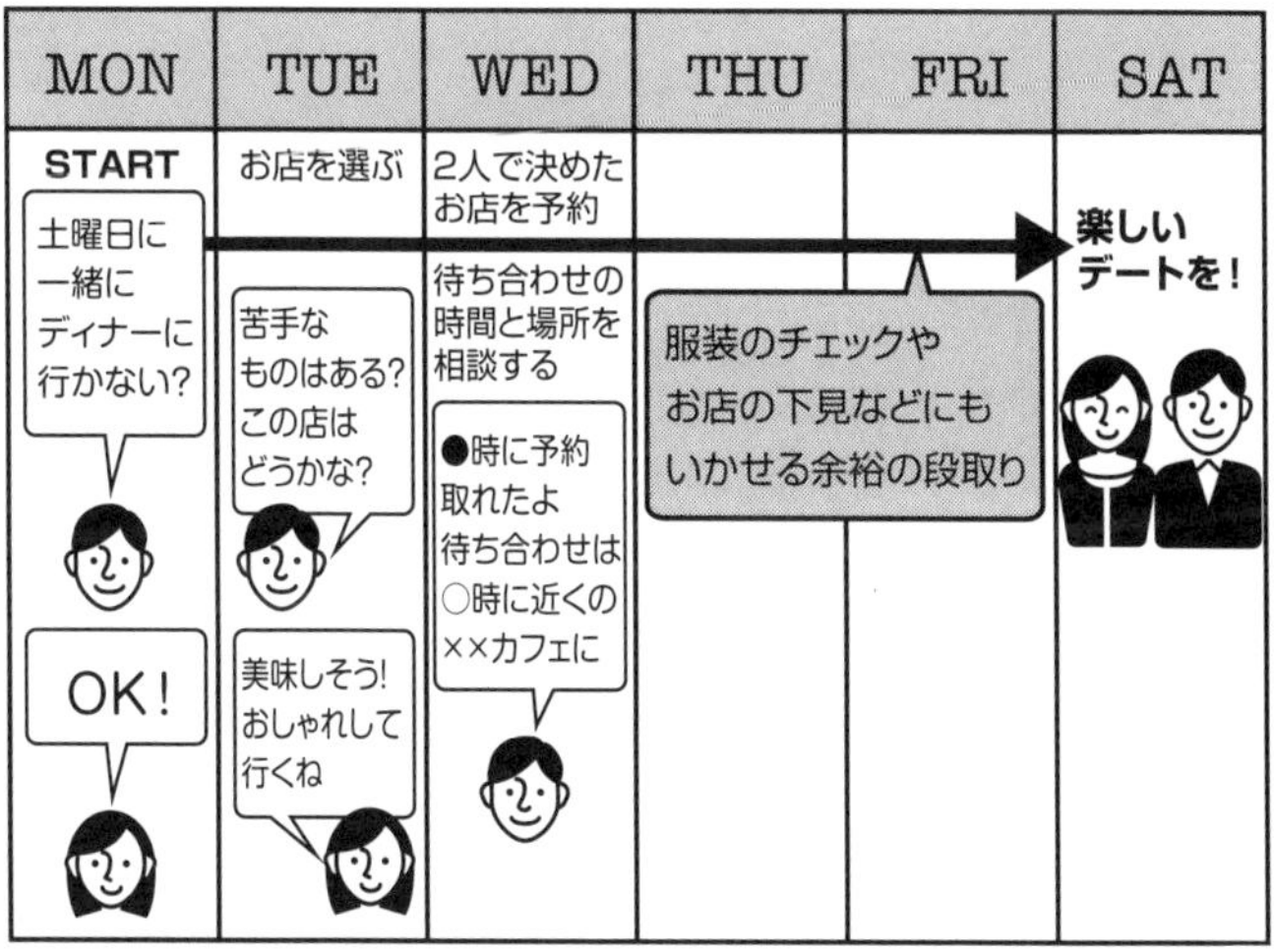
MON
TUE
WED
THU
FRI
SAT
START
土曜日に一緒にディナーに行かない?
OK!
お店を選ぶ
苦手なものはある? この店はどうかな?
美味しそう! おしゃれして行くね
2人で決めたお店を予約
待ち合わせの時間と場所を相談する
●時に予約取れたよ 待ち合わせは○時に近くの××カフェに
服装のチェックやお店の下見などにもいかせる余裕の段取り
楽しいデートを!

デートにおける「ほめろじ～」の流れ

無事に彼女に会えたら、さっそく「ほめろじ～」を開始しましょう。原則1「ほめるとはプロセスの往来である」を思い出してください。待ち合わせ場所に来たということは、身支度をして、交通機関を使うというプロセスが発生したわけですから、「電車混んでいた？」という風に、プロセスについて尋ねましょう。電車の事故や悪天候があれば、手間が増えるわけですから、「どうだった？」「大丈夫だった？」と聞いてください。その次にほめるのは、外見です。**なぜわざわざカフェでお金を払ってお茶をするかというと、対面に座ってプロセスと外見ほめをすることで、相手の気持ちを最初にばっちりつかむためです。**

次にレストランに移動しましょう。婚活中の女子から「男性が話をしない」という苦情もよく寄せられるのですが、基本的に女性の脳は男性に比べて右脳と左脳の連携がよく、感じたことをすぐに言語化できる、おしゃべりに適した構造となっているそうです。それなら、女性に話をさせる方が賢明というものでしょう。お互いをよく知らない段階で、一番いい話題は仕事です。**自分の仕事の話ではなく、相手の女性に「なぜ今の仕事をしているか」について話させましょう。**仕事には、その女性の学歴、家族という人生のプロセスが詰まっているので、ほめやすくなるからです。

仕事をほめつつ家族もほめる

皆さんが新卒で就活をする際、ご両親に意見を求めることは多々あったと思います。つまり、皆さんの仕事は、ある程度親の願望です。これは女性も同様です。仕事を自己実現の場と考える人もいれば、生活の糧を得られればいいと思う人もいます（生活派の女性には、話題をすぐに切り替えて好きな食べ物や趣味などを聞きましょう）。

自己実現派にも〝派閥〟はいろいろあり、たとえば安定を求めて公務員を目指したり、大企業に入る人もいれば、実績主義の外資系企業に飛び込む人もいるでしょう。看護師や保育士など手に職をつける人もいるでしょうし、実家の仕事の関係で、医師や薬剤師、会社を継ぐ人もいるでしょう。

安定した仕事に就くには、厳しい選抜試験をくぐり抜けたはずですから、公務員や大企業、外資系派の人には、試験というプロセスをほめましょう。縁故で入社したという答えが返ってくるかもしれませんが、それは会社の重要取引先の子弟という意味ですから「お父さんは立派な方なんでしょ?」というように、親をほめるのです。

医師や薬剤師など、家業を継ぐ人も、勉強や試験というプロセスをほめ、かつ開業してどれぐらいかを聞き、「お父さんが制約の多いお仕事されていると、お母さんも負担が大きいですよね」と付け加えましょう。

看護師や保育士など、日本全国どこでも働ける女性は、愛情深さ、独立心、自立心をほめましょう。「いいお嫁さんになる」とほめる男性がいますが、国家資格取得者にその発言は失礼です。お母さんも同じ仕事をしている可能性がありますから、それを聞いて「がんばりやなのはお母さんゆずりなんですね」とほめるのです。**ポイントは、お母さんを必ずほめることです。**

女性は良くも悪くも、親と精神的な距離が近いものです。親をほめることで、自分も肯定された、この人はいい人だ思ってくれるでしょう。

Point

- **食事する店は女性と相談して決め、週の前半に男性が予約しましょう。**
- **仕事の話を掘り下げて、家族、特にお母さんをほめましょう。**

17 タイミングの法則

オンナの会話を仕分けせよ

「付き合ったら楽しそう」と思われるには

好きな女性とようやくデートにこぎつけたからといって、付き合えるとは限りません。残念ながら、デートは単なる〝お試し〟です。なので、一度デートをしてからが本番です。**女性に「この人と付き合ったら、楽しそう」「この人は私を大切にしてくれる」と思わせる行動をとらなければなりません。**

そのために男性がすべきことは、三つあります。**一つ目は「食に興味を持つこと」。二つ目は「外見をほめること」、三つ目は「タイミングの法則をうまく使うこと」です。**

ミシュランで星をとるような有名店に行くと、客が年齢を問わずほとんど女性、稀に男性がいたと思うと明らかに接待であろう紺色のスーツの軍団しかいません。名店に自腹で来る男性がいない。これは金銭的な問題もありますが、日本の男性全般に「食を楽しむ」という感覚が薄いからではないでしょうか。食事は生きていくための栄養補給でもありますが、親しい人との仲を深める意味もあります（余談ですが、女性は満腹になると、性欲が増すという調査結果もあるそうです）。

脳科学的にいうと、男性の脳は専有を求めるので、決まった店、いわゆる〝行きつけ〟に繰り返し通う傾向があるそうですが、「ほめろじ～」の原則2「ほめるとは、オンナの手間を理解すること」を思い出してください。**女性はいつも同じ店=手間がかかっていない、愛されていないと思ってしまうのです。**

高級店に精通しろという意味ではなく、カレーやハンバーグなど、誰もが好きなメニューについて、日頃からいろいろな店を食べ比べて、あなたのベストを見つけてください。自分の味覚に自信が持てないと思う人もいるでしょうが、本当においしいかが大事なわけではありません。日常に手間をかけていること、ただ食事に行こうと言うよりも、「僕が日本で一番おいしいと思っているカレーを食べに行こう」という手間のかかった誘いである方が、女性のワクワク感が高まるのです。

甘いものが嫌いでなければ、スイーツも食べ比べて、ランキングを作って、「食べてみて」

とプレゼントしましょう。お酒が飲める体質であれば、お酒と食事のバランスも楽しんでください。職場の先輩や上司に聞けば、きっといろいろ教えてもらえると思います。運が良ければ、お店に連れて行ってもらえるかもしれません（一度行ったお店なら、余裕を持つことができるでしょう）。周囲の男性にうまく甘えるのもホメメンの技の一つです。食を楽しむことと恋愛はワンセットです。おいしいものを知らないオトコに、恋はやってきません。

二つ目の「外見をほめること」については、「10　正しい外見のほめ方」（96ページ）を参照して、毎回ほめ続けましょう。

女性の会話は〝感情の共有〟か〝欲求〟

最後に三つ目の「タイミングの法則をうまく使うこと」についてです。「お父さんが役に立たない」とお母さんに愚痴られたり、きちんと話を聞いているのに、女性に、「全然話聞いてないね」「この前も話したよ」と責められた経験はありませんか？　おそらく男性はきちんと話を聞いていないわけではないのです。それなのになぜこのようなすれ違いが起きるかというと、男性が女性の会話の〝意図〟を理解していないので、女性の望む結果とズレが生じて不満

出来事	対処法	連絡するタイミング
うれしい	肯定	前日
悲しい	肯定＋対処法	出来事が終了するまで
不安	肯定＋対処法	前日＋当日＋翌日

が生まれることになるのです。

男性にとって、会話とは単なる〝情報交換〟もしくは〝連絡〟です。たとえば、男性が女性に「来週、札幌に出張に行く」と行った場合、「この期間は札幌にいます」という業務連絡です。が、女性はそれだけではない。**女性の会話は、〝感情の共有〟もしくは〝要求〟だと思ってください。**たとえば、その出張が念願かなってのものなのか、それとも行きたくないと思っているのか、または行きたくないわけではないが、自分にその仕事の荷は重すぎると思っているかで、男性に要求するリアクションが異なるからなのです。これは男女どちらが良い悪いではなく、単なる〝違い〟です。

無駄なすれ違いを防ぐために、女性の話の聞き方を抜本的に変えましょう。彼女の会話で記憶しておくべきネタは三つだけ。あとはきれいさっぱり忘れていいです。注意すべきキーワードは**「滅多にないこと」**です。女性の会話にこれが含まれていたら、その出来事が〝うれしい〟〝悲しい〟〝不安〟かに仕分けし、〝悲しい〟と〝不安〟の場合、それぞれに応じて、連絡するタイミングを変えればいいのです（上表）。

各カテゴリの対処法における具体例

具体例を挙げましょう。ディズニーランドが大好きな女子が泊りがけで遊びに行くと話していたとします。ディズニーランドに毎日行く人は稀ですから、これは〝非日常〟で、かつ大好きな場所に行くので〝うれしい〟カテゴリです。なので、対処法は「いいね！」と肯定すること。でも、これだけでは足りません。ディズニーランドに行く日の前日に「明日は天気がいいみたいだよ。楽しんできてね」と連絡すればいいのです。女性から「行ってきたよ」と言われてからではダメ。出かける前の日に先んじて連絡することで「ちゃんと覚えていた」と印象付けることができます。

次に悲しい場合。たとえば、彼女がかわいがっているペットが病気になった場合、かかりつけの病院がないのなら、探す手伝いをする、そして時間が許すのなら「一緒に行こうか？」と声をかけましょう（彼女が一人で行くと言ったら、それに従いましょう）。連絡するタイミングは、出来事が片付くまでですから、ペットに診断がついて、入院もしくは退院するなど一段落するまで、毎日声をかけてください。

最後が不安な場合。たとえば、念願の異業種に転職を果たしてうれしいけれども、実際にその仕事ができるかどうか不安という場合です。仕事は実際にやってみなければ何とも言えないので、〝案ずるより生むが易し〟なのですが、きちんと成果をあげたいと思う気持ちがあるあまり、不安になるわけです。やはり、ここでは「大丈夫だから、自信持っていこう」と声をかけましょう。最低でも、新しい職場に赴く前日の夜、当日の朝、そして、二日目に声をかけてください。

「以心伝心」という四文字熟語が示すように、日本は「何もしなくても、気持ちは伝わるはず」という考え方が根付いていますが、断言します。**気持ちは言葉や行動に表さなければ通じません。特に女性は〝証拠〟を重要視します。自分に何が求められているかを聞き取り、相手の望むリアクションをとりましょう。**

Point

- **女性の会話は内容によって、求められるリアクションは違います。**
- **タイミングを逃さずに、行動しましょう。**

18 ホメをもって愚痴を制す

ピンチをチャンスに変えるワザ

女性の愚痴や悪口はチャンス

「モテたいなら、愚痴や他人の悪口を男性に言うな」――これは女性向け恋愛マニュアルによく書いてある言葉です。確かに愚痴っぽい女性を、美しいと思う男性はいないでしょう。しかし、別の視点で考えてみると、**世の中のたいていのオトコが嫌がることがクリアできれば、差別化が図れてチャンスです。**男性は、愚痴や悪口を〝感情のゴミ〟ととらえているのでしょうが、女性にとっては、ある程度自分を理解してくれない人に愚痴は言いません。なので、愚痴を投げられたときに、どう対処するかで、あなたへの評価は決まると言っても過言ではありません。

まず、女性がなぜ愚痴や悪口を言うかについて考えてみましょう。「01 オトコという病」

（36ページ）において、女性に接する際の三原則は「自由」「平等（からの勝利）」「迫害」であることを書きましたが、現実はこの通りではありません。努力しても報われないことはたくさんあります。男性よりも年齢や外見の差別にさらされることも多いです。なので、**男性が女性の愚痴を聞くときのスタンスは、「努力が足りない」という現実的なアドバイスではなく、「自分は味方である」ことを伝えることが重要です。**

仕事や上司の場合には「愚痴のあいうえお」

女性の愚痴、悪口は大きく分けると三つです。「1　仕事や男性上司への愚痴」「2　同僚や先輩、女友だちなど同性に対する愚痴」「3　家族に対する愚痴」です。

まず、仕事や上司に対する愚痴です。同じ職場の同じ部署以外では、相手がどんな仕事をしているか実際にわからないわけですから、どう声をかけていいか悩むと思います。そういう場合は、とりあえず話させてすっきりさせるために、「愚痴のあいうえお」を使ってください。

あ……「ああ、そういう上司いるよね」ｏｒ「そういうことあるよね」

い……「いるいる、そういう上司」
う……「嘘、そんなことってあるの？」
え……「ええ、上司は何をやってんの？」
　　　or「よく問題にならないね」
お……「おかしいよね、それ」

もし同じ職場で違う部署の場合は、発散のために一時的に上司を悪者にするという手もあります。「よく知らないけど、評判よくないよね」とか「みんなダメって言ってるよ」と言ってみてください。これで多くの女性は気の済むまでしゃべるはずですが、これで納得しないタイプもいます。
「自分に悪いところがあって、認められないのではないか」という自責傾向が強めな女性や、「私は絶対に悪くない、私を怒る向こうが悪い」という依存心が強い女性

女性の仕事の愚痴への「あいうえお」

がそれに当たりますが、自責派には「過ぎたるは猶及《なお》ばざるがごとしだから、考えすぎないで」、依存心が強い人には「周りは見てるよ」とフォローとも警告ともいえない一言を送ってください。

同性に対する愚痴、家族に対する愚痴

次は同僚や先輩、女友だちなど同性に対する愚痴です。女性間のいさかいのタネは無数にあります。仕事のやり方から、単にウマが合わないとか、下に見られたとか、数え上げたらきりがありません。同性同士の愚痴は「女性としてあるべき姿」が一致しない、もしくは「自分が下に見られることが我慢できない」ことからきていますので、男性が首を突っ込んでも理解することはできません。なので、**女性が話をやめるまで話させ、最後に「僕は○○ちゃんの言うことが正しいと思う」か「○○ちゃんが上だよ」と、相手の女性が〝一番〟であると言うことが求められます。**

ポイントは、「はっきり言うこと」。「悪くない」とか「下じゃない」というような中途半端な表現では、女性の怒りの矛先があなたに向くことがあるので、注意してください。

最後は家族についての愚痴。これは親とケンカしたという軽いものもあれば、家族の誰かに

問題がある、またはいわゆる毒母に育てられた人もいます。ケンカであれば、「愚痴のあいうえお」の「あ」にのっとって、「ああ、親って時々、そういうこと言うよね」で乗り切ってほしいのですが、そうはいかないのが、家族に問題がある場合です。同じ経験をしていない人が口を出すと、さらに傷つけてしまうことがあるので、「そういう経験をしたことがないから、わからないんだ、ごめんね」と言う方が誠実です。

最近は、恋愛と家庭環境の関係を書いた書籍がたくさんありますので、専門的なことはそちらにまかせましょう。ただ、専門的な知識が万能というわけではありません。たとえば、親との関係がしっくりいっていない人ほど、男性に高い理想を求めるということは心理学で証明されていますが、この事実を「そうか、気をつけよう」と自分を振り返るきっかけにする人もいれば、「私は親との関係がうまくいかないせいで、理想が高くなって恋愛がうまくいかない。みんなフツウの家庭に生まれてきたのに、なぜ私だけこんな家に生まれてきてしまったんだろう」という風に、考えても答えがでない迷宮に入り込んでしまう人もいるのです。こんなときこそ、皆さんの出番です。考えるのをやめさせてください。具体的に言うと、「どう見えるか」という自意識にそって、なぐさめるのです。

「努力家で、気づかいができるタイプだから、おかしな親に育てられたように見えなかった。

むしろ、きちんとした親だと思っていた」
「○○ちゃんをおかしいと思ってる人はいない」

というように、「どう見えるか」について述べ、「なぜ私はこんな家に生まれてきたのか」という〝考えてもしょうがないゾーン〟から、引き離してください。「親のことを悪くいうのはよくないよ」と親の味方をするのも、「そんなおかしな親は、聞いたことがない」と悪口を言うのもNG。女性が苦しんでいるのは、親がおかしくても好きだからなのです。本当に嫌いであれば、さっさと絶縁しているはずです。

愚痴や悪口こそ、しっかり話を聞いて、リアクションしましょう。「この人は私の話を聞いてくれる」「私の味方だ」という信頼が稼げると、徐々に愚痴そのものも減っていくはずです。

Point

- **正論ではなく、「自分は味方である」ことを伝えましょう。**
- **愚痴の「あいうえお」を覚えましょう。**

19 オトコのモテ本最大の盲点
急がばホメろ

恋愛工学の盲点とは？

ツイッターを見ていると、「モテる」という言葉が指すものは、男女で微妙に異なっていることに気づきます。キラキラ女子のツイートを見ると、お金と時間、手間をかけてもらった、うれしい言葉をかけてもらったというエピソードが綴られていますが、男性のモテとはずばり、ヤッた人数。女性をナンパしてその成果をツイートしている男性もちらほら見かけます。

大人の男女がどんな付き合いをしようが、合意の上であれば、外野が口を挟むことではありません。が、男性の主張するモテテクには盲点が二つあることも知っておいてください。盲点の一つ目は、**ある程度外見のいい男性でないと、このテクニックは使いこなせない**こと、もう一つは**一歩間違えれば、法に触れてトラブルになる可能性がある**ということです。

藤沢数希氏の『ぼくは愛を証明しようと思う』（幻冬舎）には、オンナをその気にさせるテクニックが多数掲載されています。たとえば、〝ラポール〟作戦。これは、心理療法士が、クライエントの信頼を稼ぐために、すべてＹＥＳで答えられる質問を投げかけることを利用したテクニックで、女性はＹＥＳと言い続けることによって、家やホテルに誘われても反射的にＹＥＳと言ってしまうのだそうです。

このテクニックで成功している人がいるわけですから、有効でないとは言い切れません。しかし、男性が見落としているのは、出会ってまもない時点で、ある程度の好意が稼げていないと、この方法は無意味だということです。つまり、外見、服装のセンス、声、話し方、また人にはまとっている雰囲気というものがありますが、こういった視覚的な印象で、合格点を取っていないといくらテクニックを使っても意味はないのです。

カウンセリングを受ける、つまり心に悩みを抱える人は、専門的な知識と経験を持ったセラピストがそれを解決してくれるかもしれないと〝期待〟しているわけですから、その時点で、セラピストにある程度の好意や信頼を持っています。ＹＥＳを言ったから信頼しているのではなく、信頼しているからＹＥＳが有効なのです。

恋愛中上級者向けのモテテク

このほかにも、〝ディスり〟（相手の女性の外見をけなすこと）が有効なテクニックとして紹介されています。具体例を挙げると、肌がきれいな女性に「それ、ＣＧ？」と聞くことだそうですが、これほど人を選ぶテクニックはないでしょう。女性に対してキツいことを言う人というのは、少女漫画において頻発します。代表的なのは、東村アキコの『東京タラレバ娘』（講談社）に出てくるモデルのＫＥＹです。25歳の人気芸能人であるＫＥＹは、33歳の女性主人公たちを「行き遅れオンナ」「30すぎたら、もう女の子じゃない」とディスりますが、あるとき、そのうちの一人とセックスをします。「ほら、〝ディスり〟は効果的だ」と思われる人もいるかもしれませんが、冷静に考えると、ディスられても怒らず、セックスまでするのは、ＫＥＹがイケメン人気芸能人だからだと思うのです。ラポールと同様、最初からある程度好きなので、ディスられても、そうこたえないだけの話です。また、初対面の女性に声をかけられるハートの強さと、スムースな会話力も必要です。つまり、恋愛工学は、恋愛中級から上級者向けのメソッドといえるのではないでしょうか。

着実にほめ続けることが一番の近道

水野敬也氏の『LOVE理論』（文響社）も同様です。「タクシー理論」（女性が男性の家に行くと言っていないのに、タクシーを呼んで停めてしまうこと。女性は運転手に悪いと思う気持ちから、ついタクシーに乗ってしまう）、「バタンチュー理論」（女性を家に連れ込んだら、逃げ場のない玄関でキスをしてセックスに持ち込むこと）が書かれていますが、相手にまったく興味がなかったら、タクシーが停まっても乗りませんし、ましてや家には行きません。恋愛工学と同様、ある程度好意があるからこそ、タクシーに乗って家に行くわけなので、タクシーを停めてもダメなものはダメです。

恋愛工学も『LOVE理論』も、女性は好きな男性とセックスをするのではなく、セックスした男性を好きになるとしています。女性がセックスに応じるのは、それぞれ理由があるので何とも言えませんが（顔が良ければ彼氏がいてもOKという人もいますし、付き合っていなければ絶対にイヤだという人もいます）、この考え方は、一歩間違えると、法に触れることになりかねないということを忘れないでいてほしいと思います。「イヤよイヤよも好きのうち」という言葉を聞いたことがありますか？　これは女性がイヤと口では言っても、内心は喜んでいてまんざらでもないという意味ですが、女性が悪い気がしていないのか、それとも本当にイヤなのかを100

%の確率で判断できる人は、いません。本当にイヤがっているのに、自分に都合よく解釈して強引なことをすると、下手したら一生を棒に振る結果になってしまいます。

「急がば回れ」といいますが、女性とセックスしたいなら、遠回りに思えるかもしれませんが、やはり彼女を作ることが一番の近道だと思います。好きな女性がいるのならきちんと「付き合ってください」と告白し、彼女になってもらうのが一番いいでしょう。OKをもらったら、また初心に帰ったつもりで、彼女をほめる。そうやってほめ続けて、信頼を勝ち取ることで、セックスは近くなります。

言うまでもありませんが、女性は男性の性欲の解消のための道具ではありません。ほめるなんて面倒とか、もっと手軽に性欲を解消したいという人は、女性と付き合う資格はありません。違う方法で解消してください。

Point

テクニックが有効なのは、そこそこモテる人。

彼女を作ることが、セックスへの最短距離。

理解度をチェック

「ほめろじ～」検定

◉以下のシチュエーションで、ホメメンとしてするべきことは何か？

1｜会社の引越し（女性が重いものを持たなくてはいけないとき）。

2｜昼休みなのに、仕事をしている女性の同僚を見たら。

3｜自分のせいで、残業させることになったら。

4｜会社の飲み会で、食べ物を取り分ける女性に遭遇したら。

5｜合コンで、食べ物を取り分ける女性に遭遇したら。

6｜会社の飲み会で、途中で帰ろうとする女性に遭遇したら。

7｜合コンで、途中で帰ろうとする女性に遭遇したら。

8｜同僚女性の決めた店や、もらった食べ物の味がイマイチだったら。

9―仕事中、ゲリラ豪雨発生。隣の女性に何と言うか。

10―レストランで店員の態度に明らかな粗相があったら。

◉以下の行動は、ホメメンとして正しいか間違っているか？

11―母親や妹など家族の女性をほめる。

12―キャバクラでウケた話を披露する。

13―自分で作った料理の写真を女性に見せる。

14―昼休みは女性の同僚と一緒にすごす。

15―合コンで知り合った女性が自分の趣味（例：ランニング）に興味があると言ってきたら、すぐに誘う。

16―同僚に恋愛相談をする。

17―同僚の女性の前で、今自分が好きな女性をほめる。

18 同僚の女性にニックネームをつける。

19 旅行やバーベキューなど、行楽を率先して企画する。

20 職場の最年長女性を、積極的にほめる。

◉以下の質問に何と答えるか?

21 「どうせオトコって若い人が好きなんでしょ?」と同僚に言われたら。

22 合コンで知り合った女性に「私って有名人でいうと誰に似てる?」と聞かれたら。

23 男性の同僚が「同期の中で、一人選ぶなら誰?」と女性がいる前で言ってきたら。

24 「好きなタイプはどんな子?」と同僚の女性に聞かれたら。

25 「好きなタイプはどんな子?」と合コンで知り合った女性に聞かれたら。

26 合コンでタイプの子と話しているときに、割り込んでくる子がいたら。

27 合コンで、相手の女性に「会社の女性はどういう方ですか？」と聞かれたら。

28 合コンで、相手の女性に「いい会社にお勤めですね」と言われたら。

29 「オトコってすぐズルいオンナに騙されるよね」と合コンで言われたら。

30 合コンで会った女性に「仕事がうまくいかなくて」と言われたら。

31 合コンで会った女性に、「私、女子に嫌われるタイプなの」と言われたら。

32 「私って何でモテないと思う？」と同僚女性に聞かれたら。

33 同僚の女性に突然呼び出されて、「遊ぼう」と誘われたら。

34 同僚や先輩女子の悪口を聞かされたら。

35 「彼女はどんな子？」と同僚の女性に聞かれたら。

36 同僚の女性に恋愛相談をされたら。

37 同僚との花見。女性が「お弁当を作ってこようか？」と言ってきたら。

38—同僚の女性が縁の下の力持ちを押し付けられることを嘆いていたら。

39—合コンで会った女性に「女子アナの〇〇に似てるね」と言ったら、「お笑いの××に似てるって言われるよ」と返された。

「ほめろじ〜」検定
解答&ポイント解説

◉以下のシチュエーションで、ホメメンとしてするべきことは何か?

1―【中級】事前タイミング、事後タイミングを使用。引越し前に女性に、重い物は運ぶから声をかけてほしいと提案し、引越しが終わった時点で、男性から「ありがとう」と声をかける。第2章「15 出会いにおける「ほめろじ〜」」(128ページ)を参照。

2―【基礎】プチトークの使用。「ホメメン度自己診断テスト　解答&解説ポイント」(25ページ)を参照。「急いでるの?」とか、「時間かかりそう?」と声をかける。

3―【基礎】事前タイミング、事後タイミングを使用。まず、事前に正当な理由で残業を頼みたいことを話し、翌日、自分から「ありがとう」と言う。第2章「15 出会いにおける「ほめろじ〜」」(128ページ)を参照。

4―【基礎】「やりましょうか？」と声をかける。第1章「06 なぜオンナはレディーファーストが好きか」（71ページ）を参照。

5―【基礎】「ありがとう、次は僕がやるね」と声をかける。第1章「06 なぜオンナはレディーファーストが好きか」（71ページ）を参照。

6―【基礎】会社の飲み会は仕事ではないので、帰るのは自由です。「お疲れさま」と声をかけましょう。

7―【基礎】合コンを途中で帰ろうとするのは、つまらない証拠。深追いせず、「気を付けて帰ってね」と帰しましょう。

8―【中級】「まずい」と言わず、「初めて食べたけど、ああいう味なんじゃない？」という表現をとりましょう。「なんでこんな店選んだの？」と責めないこと。第2章「16 ファーストデートにおける「ほめろじ～」」（134ページ）を参照。

9―【初級】「〇〇線、大丈夫かな？」と声をかけましょう。「ほめろじ～」の法則1「ほめるとは、プロセスの往来である」を使用。

10―【中級】女性の好む三原則「自由」「平等」「迫害」の「自由」を使用。自分でクレームを言いたいと女性が言えばその通りに、言いにくいということであれば、冷静に店の人に話してください。決して威張ったり、大声を出さないこと。第1章「01「オトコという病」（36ページ）を参照。

◉以下の行動は、ホメメンとして正しいか間違っているか？

11―×【基礎】目の前の女性を世界で一番に扱うのが、ホメメンです。第2章「09 すべての女性が離れられなくなるプレゼント」（90ページ）を参照。

12―×【基礎】お金をもらっている人は、本心を出しません。部長の寒いギャグと一緒で愛想笑いです。第2章「12 会社でホメトレ」（111ページ）を参照。

13―×【中級】写真を見せるということは、女性にほめを強要するのと一緒です。

14―**×【上級】** 女性と仲良くする能力は必要ですが、女性といつも一緒である必要はありません。

15―**○【基礎】** どこまで本気かわかりませんが、話題に出たら必ず誘いましょう。第2章「15 出会いにおける「ほめろじ～」」（128ページ）を参照。

16―**×【基礎】** 相談したところで解決するわけでもなく、また、そういう話はオンナ同士で筒抜けになるのがオチです。やめましょう。

17―**×【上級】** 将来的に同僚と付き合う可能性もないわけではありませんから、露骨にほめるのはやめましょう。第2章「14 接してもらさず」（123ページ）を参照。

18―**×【中級】** そのニックネームをイヤがっているのか、喜んでいるのかは判断がつきにくいです。余計なことはしないこと。

19―**×【中級】** 全員が楽しめる企画というのは、実は存在しません。ホメメンとは企画上手ではなく、受け身かつ参加上手のことを指します。第2章「13 ホメメン・レベルを上げる」（117ページ）を参照。

20―×【上級】女性の好む三原則「自由」「平等」「迫害」の「平等」。心からほめたいのならいいですが、おべっかでほめるとかえって反感を買います。第1章「01 オトコという病」（36ページ）を参照。

◉以下の質問に何と答えるか？

21―【基礎】オトコというように、大きくくくってきた場合は、「オンナだって金持ち好きだよね」という風に、くくり返しましょう。第2章「13 ホメメン・レベルを上げる」（117ページ）を参照。

22―【基礎】思い当たる芸能人がいれば、その人を挙げる（ただし、女優、モデルなどきれいどころを挙げること）。思いつかなければ、「テレビよく見ないからわからないんだけど、女子アナみたいだね」と。第2章「10 正しい外見のほめ方」（96ページ）を参照。

23―【基礎】波風を立てないために、「選べない。みんな好き」と逃げる。第2章「13 ホメメン・レベルを上げる」（117ページ）を参照。

24―【中級】内面的なこと「努力家できちんとしてる人」を挙げる。第2章「13 ホメメン・レベルを上げる」（117ページ）を参照。

25―【中級】外見的なこと（「髪がきれいな子」など）を挙げる。第2章「13 ホメメン・レベルを上げる」（117ページ）を参照。

26―【中級】女性が好む三原則「自由」「平等」「迫害」の「平等」を使用。邪見にせず、そこそこ相手にする。ほかの女性に対する態度を、女性はよく見ています。

27―【上級】この質問は、突き詰めると、自分と会社のオンナ、どっちが魅力的かが知りたいわけですが、いきなり「キミが魅力的だよ」とほめても嘘くさいので、会社の女性の内面をほめることで逃げましょう。「仕事熱心（もしくは優秀）な人が多くて、助けてもらってる」と女性を上げるのです。

28―【中級】女性が会社や職業をほめてくるときは、100％お世辞です。会社のネームバリューを自分の力と勘違いする男性は多いので、あえて違う答え方をして差別化を図りましょう。「いや、でも内部ではいろいろあって」ぐらいの控えめな態度の方が好感を持たれます。

29―【**中級**】「オンナもズルいオトコにだまされるよ」と、くくり返すか、「もしかして、○○ちゃん、ズルいオンナなの？」と返すのもありです。悪いオンナと言われるのを喜ぶ人もいます。第2章「13 ホメメン・レベルを上げる」（117ページ）もしくは第2章「09 すべての女性が離れられなくなるプレゼント」（90ページ）を参照。

30―【**基礎**】「ほめろじ〜」の原則「ほめるとは、プロセスの往来である」を使って、どんな仕事をしているのかを聞き、「もしかして、真面目すぎるんじゃない？」と〝すぎる〟でしめくくってください。第2章「13 ホメメン・レベルを上げる」（117ページ）を参照。

31―【**中級**】その女性がタイプであれば、「いいんじゃない？」「僕はそういう人の方が正直で好き」と言いましょう。第2章「09 すべての女性が離れられなくなるプレゼント」（90ページ）を参照。

32―【基礎】「何で？」というクエスチョンは、答えを欲しがっているのではなく、「ほめろ」という意味です。なので、「恋愛に対して真面目すぎるんじゃないの？」と〝すぎる〟を使ってください。第2章「13 ホメメン・レベルを上げる」（117ページ）を参照。

33―【基礎】断りましょう。ホメメンはヒマなときに呼び出せる便利なオトコではありません。第2章「12 会社でホメトレ」（111ページ）を参照。

34―【基礎】愚痴の「あいうえお」を使い、最後に「○○ちゃんが正しいと思う」と付け加えましょう。第2章「18 ホメをもって愚痴を制す」（147ページ）を参照。

35―【中級】彼女の内面と関係性が良好なことを説明。「ちょっと気が強いけど、仲良くやってるよ」など。この言い方で、彼女を大事にしているオトコを印象付けられます。ちなみにこのテの話は、女性同期全員に筒抜けなので、そのつもりで話してください。

36―【中級】相談を持ちかけてくる女性が、本当のこと（脈があるか否か）を求めているのか、ただしゃべりたいだけなのかは未知数。なので「○○ちゃん（相談者と一番仲の良い女性）は何て言ってるの？」と聞いて、それと同じ論調を繰り返すのが無難です。自信があっても「そりゃダメだ」とは言わないこと。

37—**【中級】**お弁当を作りたくない女性もいるので、「いいね、作ってきて」と率先して言わないこと。もし自発的に作ってきたら、おいしく食べること、かつ「ほめろじ～」の法則2「ほめるとは、オンナの手間を理解すること」にのっとって、作り方や所要時間も質問しましょう。

38—**【基礎】**愚痴の「あいうえお」と、一次的に上司を悪者にする作戦を使いましょう（第2章「18 ホメをもって愚痴を制す」（147ページ）を参照）。最後に「気が利きすぎる」と〝すぎる〟で締めくくります（第2章「13 ホメメン・レベルを上げる」（117ページ）を参照）。

39—**【上級】**一般論でほめたことを自虐で返すのは、うれしさと気恥しさと、ちょっと変わった返しができる私をアピールせずにいられないタイプの自意識過剰です。なので、「なんでそういうこと言うの？」（第2章「10 正しい外見のほめ方」（96ページ））に加えて、「面白いって言われるでしょ」と付け加えてください。

「ほめろじ〜」まとめ一覧

「ほめろじ〜」がなぜ有効なのか

- ほめられたらうれしいのは男女一緒だが、女性はほめられる回数が少ない。
- 女性をほめることによって、ほめた側（男性）に関心と好感を持つ。
- 女性をほめることができる男性は少ないので、ライバルを出し抜ける。

「ほめろじ〜」の特徴

- 美辞麗句を並べるわけではないので、オフィスでもプライベートでも使える。
- 女性の外見と内面を、無理なく毎回ほめることができる。

男性は、なぜ女性をほめられないのか

- 男性の持つ行動原理「ちんころじ〜」が原因。
- 「ちんころじ〜」とは、「男性は性的メリットを優先する」という男性の行動原理。性格を判断する際に、性的メリットが高い（外見が良い）と判断が鈍る。

☞ よって性的メリットが高い（外見が良い）女性は、いい子に見えてしまう。

☞ 男性にとって、女性の内面は、外見とイコール。なので、内面をほめることがおざなりとなってしまう。

☞ 女性にとって、外見と内面は別で、それぞれほめてほしい。

「ほめろじ～」三原則

1――ほめるとは、プロセスの往来である。

2――ほめるとは、オンナの手間を理解（察知）すること。

3――ほめるとは、貯蓄型保険である（日頃からほめておけば、失態を犯しても怒られない）。

女性に接する際の三原則

自由……女性の行動や考え方を否定したり、束縛しない。

平等……女性の外見や年齢、雇用形態によって態度を変えない。

迫害……女性の外見や年齢を理由に、ハラスメントをしない。女性が困ったときは、一緒に解決しようとする姿勢を見せる。

ホメメンの法則

1――女性からの好感をてっとり早く稼ぐため、男性から先にほめるべし。

2――女性の自意識を逆利用して「女性がどう見えるか」を会話に織り交ぜるべし。

3――セクハラを避けるため、職場の女性の外見、年齢、彼氏の有無、休日のすごし方などに触れるべからず。

4――レディーファーストは、オンナの〝下〟になることではなく、敵を作らず女性に好意を伝える手段と心得るべし。

5――SNS映えするネタ（誕生日や記念日）を提供できるオトコになるべし。

6――ほめないオトコは浮気されると心得るべし。

7――女性の料理や身支度など、行動にかかる手間を考えるクセをつけるべし。

8――自慢系女子には「珍しい」「変わってるね」を、自虐系女子には「気を使いすぎ」と声をかけるべし。

9――外見をほめるときは、イメージのいい職業（女子アナ、モデル）でほめるべし。

10――関係性が確定していない段階で外見をほめるときは、バスト以外の上半身をほめるべし。

11――外見をほめるときは、先天的なもの（目が大きいとか、色が白い）と、後天的な努力で身に付けたもの（ピアスや腕時計）を両方ほめるべし。

12――違いに気づくことをほめることと同じなので、彼女の服装の色と形（スカートなのかパンツなのか）をメモしておくべし。

13――違いがわからないときは、「高級そう」とほめるべし。

14――内面をほめるときは、「（勤勉・ストイックで）えらい」「（腕前が優れていて）プロみたい」「珍しい」とほめるべし。

15――ほめトレーニングを行なう際は、自分のレベルからマイナス1、2したレベルの女性をターゲットにすべし。

16――後輩や金銭をもらう立場の女性（例：カフェの店員やキャバクラの女性）のほめ言葉は真に受けるべからず。

17――ホメメンとは便利な男ではない。女性の突然の誘いに応じるべからず。

18――ホメメンとはリーダーでもスーパーマンでもなく、「わからない」「こんなの初めて」をうまく使うことで、女性に助けてもらう存在であるべし。

19――同僚の女性に彼女について聞かれたら、外見はあえて言及せず内面をほめるべし。

20――社内の女性に好きな女性のタイプを聞かれたら、誰にでも当てはまるように「髪がきれい」とあえて曖昧な表現をするべし。

21――「オトコって○○だよね」とくる女子に遭遇したら、「オンナも××だよね」とくり返すべし。

22──「私って○○だと思われるの」という女性には「××すぎるからじゃない？」というように〝すぎる〟で返すべし。

23──女性に好かれそうなお店は、女性に聞くのが一番だが、その理由（ほかの女性とのデートのため）は隠すべし。

24──社内の女性に告白する場合は、自分と同レベル、もしくは上下プラスマイナス1レベルでないと難しいと心得よ。

25──自分のレベルを手っ取り早く上げるのは、仕事を頑張ること。不誠実な態度（上司に媚びて、後輩に厳しい）で株は下がることを忘れるべからず。

26──自分よりハイレベルの女性を好きな場合、声をかけるタイミングは「困っているとき」を狙うべし。

27──目の前の女性をほかの女性（芸能人や家族も含む）と比べるべからず。

28──関係が確定していない女性のアニバーサリー（誕生日など）は、「祝ってもいい？」と許可を得てから、祝うべし（事前タイミング）。

29──約束が実行できないことになったら、すぐに連絡をして事情をきちんと説明し、スケジュール調整をすべし。

30──たとえ仕事であっても、自分の都合で手間をかけたり、スケジュールを変更してもらった場合は、会った翌日に「会ってくれてありがとう」と声をかけ、改めて詫びるべし（事後タイミング）。

31——食に興味を持ち、カレーやハンバーグなど多くの人が好きな食べ物がおいしいレストランを探すクセをつけるべし。

32——デートの際のレストランは女性と二人で決め、週の前半に男性が予約すべし。

33——デートの待ち合わせはカフェにすべし（遅刻対策と、お茶をしている状態で女性をばっちりほめるため）。

34——最初のデートでは女性の仕事の話から生育環境を探り、家族、特にお母さんをほめるべし。

35——女性の会話で記憶すべきは、「うれしい」「悲しい」「不安」。これらにまつわるエピソードを必ず覚えておき、適切なタイミングで声をかけるべし。

36——愚痴を言う女性が求めているのは、解決ではなく「誰の味方なのか」であることを理解すべし。

37——仕事や職場の愚痴には、愚痴の「あいうえお」で対応すべし。

38——女性同士のトラブルには、「○○ちゃんが正しい」と断言すべし。

39——自分が未経験な悩み、たとえば親が毒親などは、はっきり「わからなくてごめん」と言うべし。ただし、「おかしな親に育てられたと思ったことはない。むしろきちんとした親に育てられたと思った」というように、「どう見えるか」を添えるべし。

40

——ナンパ本のテクニックが有効なのは、そこそこイケメンでモテる人であり、一歩間違えば警察沙汰になって一生を棒に振ることもある。じっくりほめて彼女を作ることが、セックスへの最短距離と心得よ。

第3章 ケーススタディ

01

「わたし、◯◯(例：カワイイ)って言われる」と高評価を求めてきたら

ホメメンの法則22「『私って◯◯だと思われるの』という女性には(略)〝すぎる〟で返すべし」(176ページ)を使いましょう。具体的に言うと、

「かわいすぎるよね」

でOKです。

一般論でいえば、どれだけかわいくても、それを率直に言うと性格が悪いと思われるので、女性は自分からカワイイとは言わないものです。相手の男性に嫌われてもいいと思われているか、そういうことを言っても嫌われない自信がある、つまりあなたが下に見られている可能性もあるので、ここはイチかバチかでほめましょう。

「ほめろじ～」の原則1「ほめるとはプロセスの往来である」を使って

「今まで何人の人にカワイイと言われてきた?」

「モテるんでしょ」

というように、かわいいことが原因で起きた過去のプロセスについて聞けばいいのです。また、ホメメンの法則8「自慢系女子には『珍しい』『変わってるね』」（174ページ）を使って
「自分で言っちゃうなんて、珍しい」

「変わってるって言われない?」

を付け加えてもいいです。あえてマナー違反をする女子は、自分が少数派の特別な存在だと信じている場合が多いので、あえて
「悪いオンナだね」

「そういう子の方が飽きなくていいよね」

を付け加えてもいいでしょう。

02

「私ってサバサバしてる」というオンナに遭遇したら

自称サバサバ女子は、ちまたにあふれていますが、「私ってサバサバしてないよ」という女性にはまず遭遇しない。これはなぜでしょうか？　バラエティー番組を見ているとわかりますが、〝陰険〟〝粘着〟を女性の典型的な特徴だと思っている人がいます。実際には性差ではなく個人の資質ですが、サバサバ女子たちは「私はそういう女じゃない」「そんな欠点はない」と主張したいのです。

自称サバサバ女子の理想像は、女優の篠原涼子です。ドラマやCMで見る篠原は、パンツスーツですが、妙に胸元の開いた服を着て、長い髪を意味なくかき上げるなど、よく見ると露出が高いのです。一般人のサバサバ女子もまったく同じ構造です。、サバサバ女子とは、外見は女性らしい魅力にあふれ、内面は愚痴や悪口を言わない、つまり男性と女性のいいところを両方兼ね備えた存在だといいたいわけです。

篠原ファッションであれば、「サバサバしてていいね」と返し、そのあとで必ず「外見はオンナらしいのにね」とほめましょう。サバサバ女子は男性と女性のいいとこどりな存在なので、女性性もほめないと不完全です。「見た目と中身にギャップがあるって言われない？」「黙っていればモテるって言われない？」と聞いてもいいでしょう。

非・篠原ファッションの女性には「そう見えないよ」「女子らしい印象」と言ってかまいません。その代わり、「ほめろじ～」の法則1「ほめるとは、プロセスの往来である」を付け加えましょう。具体的にいうと、

「お母さんのしつけがいいんだと思っていた」

と家族というプロセスを使うのです。その根拠は、

「ちょっとした動作がきれいだった」

「周囲に対する気づかいがあると思った」

でいいでしょう。

現代はオンナノコはオンナノコらしくという教育方針は薄れていますが、だからといってあえて粗雑になれと育てられる女子はいないので、ハズレはありません。

03
人生や元カレのトラウマ（例：親が毒親、元カレがDV）をいきなり聞かされたら

あえて男性が聞きたくないであろうことを自分から話すのは、男性を試している（返答で男性を見極めようとしている）か、精神的に不安定な女性だと思います。

「自由」「平等」「迫害」の原則からいうと、過去のトラウマという「迫害」から男性に救い出してほしいという気持ちからのカミングアウトですが、実際問題、自分が経験していない傷を他人に理解してもらうのは、無理なのではないかと私は思っています。

無理をして浅い理論を投げかけると、かえって相手を傷つけます。できないことは悪いことではありません。が、その代わり、苦しみに添う態度は見せてあげてほしいと思います。ホメンの法則39（177ページ）を使って、わからないときは「わからない」と言いましょう。彼女がカウンセリングに行きたいと言い出したら行動を共にする（＝手間をかける）、第２章「17タイミングの法則」の表（144ページ）を参照して連絡をし、「わからないけれど、理解したいと思っている」ことを行動で示してください。

04 「私ってイロモノだからさ」など、自虐してきたら

ほめられて悪い気がする女性はいませんが、全女性の中で一番ほめられたがりなのは、自虐をする女性ということができます。ここがホメメンとしての腕の見せどころです。

第2章「09 すべての女性が離れられなくなるプレゼント」（90ページ）で書いた通り、自虐女子は自分の女性性に自信がありませんが、その一方で強い自負も持っています。自虐は自分を落とせばいいという単純なものではありません。たとえば、その集団で一番外見の劣る子が「私ってブスだから」と言い出したら、周囲はリアクションに困ってしまいます。かといって、一番かわいい子が「私、モテない」と言い出したら、同席している女性の立場がありません。その場の空気を読み、自分の序列を正しく把握でき、ユーモアにも長けている人でなければ、面白い自虐はできないのです。

ですから、自虐女子に対してはホメメンの法則8「気を使いすぎ」（174ページ）に加えて、そのあたりもほめましょう。

「面白い」と笑ったあとに、

「頭いいんだね」

「よくそんなこと思いつくね」

「冷静によく見てるね」

「でも、気を使いすぎだよ」

と付け加えるのです。

自虐がしつこくなってきたら、

「そんなに自分を悪くいったらダメ」

「なんでそういうこと言うの？」

と疑問形でフィニッシュしてください。

05
高級ブランドを持っていることをさりげなくアピールしてきたら

高級ブランド品を手に入れるには、「1　自分で買った」「2　親に買ってもらった」の2パターンが考えられますが、まず、どうやって手に入れたか〝プロセス〟を尋ねましょう。

1の場合は、「どう見える」かについて述べる必要があります。女性の自意識を利用したホメメンの法則2を使って「やっぱりどこか違う」と曖昧にほめましょう。高級品を買うには、それ相当の収入が必要ですから、ホメメンの法則34を使って、学歴などのプロセスにふれ、ホメメンの法則14「勤勉、ストイックでエライ」とほめるのです。ホメメンの法則8「自慢系女子には『珍しい』『変わってる』」を使って、

「普通は男性に買ってもらいたいって思うのに、珍しいよね」

「甲斐性がある女子って素晴らしい」

「見た目も稼ぎもいい女子って本当にいるんだね」

を付け加えてもいいでしょう。

「2　親に買ってもらった」場合にアピールしたいのは、親御さんの財力と、〝子どもの頃からずっと愛されてきたワタシ〟です。ですから、そのプロセスを聞く必要があります。たとえば、

「子どもの頃の誕生日プレゼント何だった？」

「ご両親はどんな仕事をしているの？」

とか

「飛行機、エコノミークラスって乗ったことある？」

「もしかして、まだお年玉まだもらってるの？」

という具合に、過去のプロセスについて質問すればいいのです。

06

「私って尽くすのが好きなの」という女性に遭遇したら

「尽くすのが好き」発言は、本当に尽くすのが好きな場合もあれば、男性の機嫌をとっている（男性の好みによって、尽くすキャラに変更する）場合の2パターンが考えられます。

まず、「ほめろじ～」の法則1「ほめるとは、プロセスの往来である」にのっとって、これまでどんな風に尽くしてきたかを聞いてください。本当に尽くすのが好きな人は「尽くしすぎて、飽きられる」という悩みを抱えているものですが、こういう人には心理学の話をしましょう。自分が相手に一方的に与えると喜ばれると思うのは誤解で、与えられる側はだんだんと負担になり、人間関係そのものが疎ましくなるそうです。与えてもらったら与え返す関係が、一番満足度が高いと証明されているそうです。

この蘊蓄《うんちく》のあとに「どんなことをしてもらったらうれしい？」とかけてほしい手間について聞きましょう。この質問をするだけで、ほかの男性との差別化が図れますし、「この人と付き合ったら、○○してもらえる」という〝いい記憶〟をプレゼントすることができます。

07

同じ職場にいる好きな女性がもうすぐ誕生日だと知ったら

女性の記念日は大切にするべきですが、彼氏でない男性に祝ってほしいかはわかりません。また社内の女性の場合、度を越したアプローチで気まずくならないために、まず自分のレベルチェックをしましょう（第2章「12　会社でホメトレ」の表（112ページ）参照）。自分のレベルが射程範囲内であり、彼女の連絡先を知っている場合のみ「もうすぐ誕生日だね」と自分から、会話を持ちかけてください。

「ありがとう、うれしい」などそこそこ脈のある返答の場合、社外の女性であれば食事に誘ってほしいところですが、社内の場合は超安全策でいきましょう。まず「チョコレートを少しプレゼントしてもいい？」と聞いてください。デパートで売っている一粒300〜500円程度のチョコレートを三粒選んで、プレゼントしましょう。相手の負担になるので少量でいいです。受け渡し方法は彼女にまかせましょう。会社の冷蔵庫に入れておいてと言われる場合もあれば、直接会うことになるかもしれません。あとは相手の出方を待ちましょう。

08 「オトコってカオしか見てないよね」と言われたら

「オトコって」と同様に、大きなくくりで返しましょう（ホメメンの法則21）。たとえば、

「オンナもイケメンが好きだよね」

「オンナも金ばっかり見てる」

と返すか「何かあったの？」と具体的なエピソード（プロセス）を聞いてもよいです。

ただし、それだけではホメメンとしては不十分です。ホメメンの法則27「目の前の女性をほかの女性（芸能人や家族も含む）と比べるべからず」を思い出してください。これは視点を変えると、「女性は自分が一番でいたい」と言い換えることもできます。自分が一番でいたいということは、無意識に自分より〝下〟を欲しているということ。

そこで、初対面の女性にならば別ですが、ある程度親しい関係であれば

「そうだよ、オトコはカオしか見てないよ」

「よかったね、〇〇ちゃんはかわいくて。親に感謝だね」

「かわいくて得した分、親孝行してあげてね」

と、相手の女性も「トクしている側」であると表現すればいいのです。自虐に走る女子もいるでしょうが、そんなときは「何でそんなこと言うの？」と返しましょう。

注意点は
「××ちゃんみたいにブスじゃなくてよかったね」

「××ちゃんのこと、生理的にムリ」

「××ちゃんは苦労するよね」

と言わないこと。

女性の三原則「自由」「平等」「迫害」の「迫害」を加えないように気を付けてください。ポイントは、目の前の女性を上げることです。

09

彼女が資格試験に合格したら

同じ祝い事でも、誕生日と資格試験の違いはわかりますか？　誕生日はぼけっとしていてもやってきますが、資格試験は勉強という〝プロセス〟が存在します。つまり、誕生日より資格試験合格の方が、念入りにほめないといけないということなのです。

第2章「17　タイミングの法則」の表（144ページ）を参照してください。資格試験は合格するかはわからないという意味で、〝不安〟マターです。なので、試験の前日、当日の朝に「がんばれ」、翌日に「よくがんばったね」と連絡する必要があります。

見事合格したら、いつもよりいい店に行くと、特別感が盛り上がります。こういう場合は、いつにも増して段取りとタイミングを重視してください。ホメメンの法則32「デートの際のレストランは女性と二人で決め、週の前半に男性が予約すべし」を遵守しましょう。

仮に不合格だとしても、お疲れさまの気持ちをこめて、特別な店でなくていいので、残念会をしましょう。おそらく愚痴っぽくなるでしょうが、ホメメンの法則37で対応してください。

10 好みの女子がワインが好きだと言っていたら

ワインが好きな女子は多いものですが、男性のワイン好きはあまり聞いたことがない。また、ワイン好きと公言する女子は、ある程度いいモノを飲んでいる自負がある可能性が高い。つまり、ある程度お金をかけていて専門的な知識があるのです。かといって一夜漬けの知識で張り合うと、浅いオトコと思われるのがオチです。

この場合その女性がまったく詳しくないであろう分野のお店に誘えばいいのです。女子同士ではちょっと行きにくいけれど、おいしいお店がお勧めです。

「焼肉のおいしい店に行かない？　その代わり、ワインのことを教えて」

という風に交換条件的に提示をすると、女性の三原則「自由」「平等」「迫害」の「平等」を満たせますし、イニシアチブを交互に握ることができます。

11

彼女の作った料理がもともと好きではなく、さらに味もおいしくなかったら

食に対する趣味嗜好は個人差、地域差がありますが、性差のある分野でもあります。たとえば、タレントのＤＡＩＧＯが、女優の北川景子との婚約記者会見において、「彼女の料理でおいしいのはカレー」と発言し、北川が「そんな簡単なものではなく、もっと手の込んだものを言ってほしい」と答えていました。男性は平凡な定番料理を好むけれど、女性は難しいものを良しとする。食べ手と作り手の意識に違いがあるわけですから、その結果、味が好みでないことは、往々にして起こり得るでしょう。

こういうときは、無理においしいと言う必要はありません。

「初めて食べたから、よくわからない」

「高級すぎてピンとこない」「セレブの食べ物なんでしょ」

と腕前ではなく、料理のせいにしましょう。ホメメンの法則14「(腕前が優れていて)プロみたい」「珍しい」を使ってほめましょう。

「この料理、珍しい」

「こんな難しいの作れるなんてプロみたいだね」

と言えばいいのです。

あるいは「ほめろじ〜」の原則1「ほめるとはプロセスの往来である」を使って、味以外のこと、たとえば、

「このメニューは流行っているの?」

「どこでこのレシピを調べたの?」「どこのお店で食べたの?」

という風に話をそらして婉曲に「おいしくない」を伝えましょう。

こういったトラブルを避けるためにも、料理を作ってもらう(あげる)ときは、きっちりメニューを指定し、「○○(店名)の味が好き」と明確なお手本を伝える習慣をつけるとよいでしょう。

12 彼女と険悪になった、もしくはケンカしたら

ケンカは意見の相違ではなく、「どちらの意見が正しいかを白黒つけようとする（が、つかない）」「ないがしろにされたと感じる」ときに起きるものです。

なので、気をつけるのは、話を聞く態度と、「ないがしろにしていません」というフォローなのです。意見の相違に直面したら、それが「二人で一緒にすること」かどうか考えてください。

たとえば、あなたが週末のうち、一日はサッカーに行きたいとし、彼女がそれを不服に思っているとします。週末のデートは「二人で一緒にすること」に該当します。サッカーを休んでもいいですが、フォローがうまくできさえすればやめる必要はありません。ホメメンの法則2「女性の自意識を逆利用して『女性がどう見えるか』を会話に織り交ぜるべし」を使いましょう。具体的に言うと、

「周囲に趣味の時間をくれるなんて、優しい彼女でうらやましいって言

われる。いつもありがとう」

「そんな優しい彼女、どこで見つけたのって聞かれる」

「サークルのみんなが会いたいって言ってるけど、飲み会来る？」

「今度試合を見に来て」

「仲間に紹介したい」

とウソでもいいので言えばいいのです。サッカーが終わったあとの時間を彼女に使うなど、行動を伴ったフォローも必要です。

「二人で一緒にしないこと」、たとえば好きな芸能人の違いなどは、

「僕は好きじゃないけど、同期が好きだって言っていた」

と女性の意見を肯定してください。

13 独り暮らしの彼女が体調を壊したら

「ほめろじ〜」の原則1「ほめるとは、プロセスの往来である」を使います。

具合が悪い彼女の未来のプロセスとは、食べ物やクスリの確保ができないことです。ですから、男性はこれをすべきですが、具合が悪い自分を見せたくないとか、部屋が散らかっているので家に入れたくない女性もいます。なので、まず家に行っていいかどうか聞いてそれを尊重してください。

家に行く場合、彼女が食べたいものや薬を銘柄まで細かく聞いて、指示通りに買って行くこと。自己判断は絶対NGです。食欲がないという場合は、脱水を避けるため、スポーツドリンクやゼリー飲料はどうか聞いて差し入れてください。彼女の看病に来たわけですから、ベラベラしゃべったり、ゲームをしてくつろいだりしないこと。第2章「17 タイミングの法則」の表（141ページ）の〝悲しい〟項を参照し、彼女が自分で食事を作って、会社に復帰できるまで連絡をとってください。

14 初デートで女子が元カレの話ばかりしてきたら

初デートで元カレの話が多い女性は、元カレが忘れられないのではなく、あなたを下に見ているので、がんばってもあまり脈はないでしょう。

それでもあきらめたくないという場合は「ほめろじ～」の法則1「ほめるとは、プロセスの往来である」を利用して、元カレについて話させるといいのです。男性のプロフィールがあまりにも自分とかけ離れていたら、あきらめましょう。元カレの話には、彼女がしてほしいこと（たとえば、毎日連絡する、サプライズが多い）など、その女性の喜ぶツボが含まれていますので、そこは覚えておきましょう。そのあとは、ホメメンの法則2「女性の自意識を逆利用して、『女性がどう見えるか』を会話に織り交ぜるべし」を使って、元カレと女性が「どう見えるか」を肯定を交えて伝えましょう。具体的に言うと、

「元カレはすごい人だったんだね」

「そんな簡単に忘れられないよね」

「無理しない方がいいよ」

彼女に対しては、

「つらそうだけど、大丈夫？」

「周りも心配しているんじゃない？」

「細いけどやせちゃった？」

と言えばいいのです（日本はやせている方が美しいという価値観があるので、やせるはほめ言葉です）。

ポイントは元カレをけなすことなく、「キミが苦しむ必要があるの？」と問題提起することです。

少女漫画には、好きな人がいたり、元カレを忘れられない女性に対して「ボクが忘れさせてみせる」という強引なキャラクターが存在します。カオや年収に自信のある人は、これも使ってみてください。

15 デートの帰り道、彼女の乗った電車が人身事故を起こしたら

「ほめろじ～」の原則1は「ほめるとは、プロセスの往来である」でしたが、デートの終了は、彼女が家に着いたときです。なので、デートの際はいつも、彼女が家に着いたかどうかは気にかけましょう。もし、彼女が使っている路線でトラブルがあったと知ったら、ホメメンの法則1「女性からの好感度をてっとり早く稼ぐため、男性から先にほめるべし」を使って、自分から「電車止まってるみたいだけど、大丈夫？」と連絡してください。

電車が止まってしまって、帰りの手段がある場合（振替輸送がある、違う交通手段がある、親が迎えに来てくれる）はスマホの電池の残量を確認した上で、連絡をとってください。電車がいつ復旧するかわからない、親が迎えに来ないなど、家にいつ帰れるかわからない場合、このような〝非常事態〟の頻度は高くないので、車があれば、迎えに行ってあげてほしいと思います。もし、それが無理であれば、電車が動き出して、彼女が自宅に着くまで、先に寝たりせずに連絡をとり続けましょう。ピンチのときの態度を女性は見ていることをお忘れなく。

16 彼女が念願のフェスやライブに初参戦すると知ったら

第2章「17　タイミングの法則」の表（141ページ）を参照。フェスやライブという〝非日常〟で〝うれしい〟ことに該当しますから、前日に「明日は楽しみだね」と連絡しましょう。もし泊まりであれば、帰宅予定日に「どうだった？」と一言付け加えましょう。

彼女から「お土産を買ってきた」と言われたら、彼女に提案して、帰宅予定日に会うことを提案してみるのもいいでしょう。長時間のデートで疲れが出てはいけませんから、お茶する程度がベストだと思います。

うれしいことがあると女性は、共感してもらうために話がしたくなるものです。「鉄は熱いうちに打て」といいますが、うれしいことが起こった直後と、一週間後に話を聞くのでは、直後の方が「この人は私に関心がある」「優しい人だ」と思われる確率が上がります。

仕事も恋愛も、タイミングが非常に重要です。彼女がうれしいときに「よかったね」と言い、悲しいときにはそばにいる。それだけで「いい人だ」と思わせることができるのです。

17 彼女と祝う記念日付近に、海外出張が入ったら

ドタキャンという最悪の事態を避けるため、ここは延期しましょう。イベントの直前ドタキャンは、女性の印象はよくありません。

彼女には海外出張であること、その前後のスケジュールが不確定であることをきっちり話し、○日に連絡すると約束してください。詳細は第2章「15　出会いにおける『ほめろじ〜』」（128ページ）を参照してください。

彼女に悪いと思う男性がやりがちなのが、「お土産を買ってくるけど、何がいい？」と聞いてしまうこと。彼女のリクエストしたものが手に入らなかった場合、〝ウソつき〟のレッテルを貼られてしまいますので、言わない方がいいでしょう。

その代わり、彼女には必ずお土産を買って帰りましょう。凝ったものではなく、空港内で売っている香水や口紅を「迷惑かけてごめんね」の一言とともにサプライズでプレゼントしましょう。

18 好きな女性が「私、ドSな人が好きなの」と言っていたら

少女漫画には定期的にドSのキャラクターが登場しますから、じっくり読んで、自分とドSのキャラクターを比べてみてください。はい、違いますね。真似してはダメですよ。

ドSのキャラクターは100%イケメンです。ですから、非イケメンは、ドS的な行為は絶対にしてはいけません。ドSキャラの特徴は、顔は良く口は悪いけれど、主人公のピンチに必ず駆けつけて助けてくれることです。だからこそ、日頃の冷たさが相殺され、本当は優しい人だと思うわけです。助けるという行為がなければ、単なる性格の悪い人です。

ドSキャラはイケメンかつ「必ず助けに来てくれる人」ですから、非イケメンは〝ここだけ〟真似すればいいのです。ホメメンの法則35「女性の会話で記憶すべきは、『うれしい』『悲しい』『不安』。これらにまつわるエピソードを必ず覚えておき、適切なタイミングで声をかけるべし」、法則36「愚痴を言う女性が求めているのは、解決ではなく『誰の味方であるのか』を理解すべし」を使ってください。

19 デートの際の食事の店を、女性に「おまかせします」と言われたら

一人でお店を決めるのは間違いのもと。

「好き嫌いはありません」という人が、いざ店に行くと「これ、苦手なんです」と言い出すケースは多々あるので、メニューの少ない専門的な料理の店より、ピザもパスタもラザニアもあるようなトラットリアがお勧めです。ホメメンの法則32「デートの際のレストランは女性と二人で決め、週の前半に男性が予約すべし」の通り、早めに予約し、どんな店であるかは連絡してください。

最初のデートで高いお店に行ってしまうと、次のデートのハードルが上がってしまうので、やめた方がいいです。その代わり、もう一度会いたい女性であれば「記念なので」ごちそうしてあげてください。

当日は第1章「06　なぜオンナはレディーファーストが好きか」（71ページ）を参照して、レディーファーストに努めてください。

20

同僚の女性に「脚がきれいな人と、巨乳どっちが好き？」と聞かれたら

ホメメンの法則27「目の前の女性をほかの女性（芸能人や家族も含む）と比べるべからず」を思い出してください。「脚がきれいな人がいい」と言えば、そうでない人を敵に回し、「巨乳が好き」と言えば、そうでない人から反感を買ってしまいます。

こんなときは、ホメメンの法則20「社内の女性に好きなタイプを聞かれたら、誰にでも当てはまるように『髪がきれい』とあえて曖昧な表現をするべし」を使いましょう。ホメメンの法則27とこの法則をアレンジして、「誰もけなさず」に「私にも当てはまる」「私のことね」と思わせればいいわけです。具体的に言うと、

「どっちでもいいけど、くびれてる人がいい」

がいいでしょう。グラビアでは細いモデルも、ぽっちゃりめのモデルも、どちらもくびれています。くびれは努力で作れますから、女性からの反感を買うこともありません。

21 「好きな芸能人は誰？」と聞かれ、答えると批判してきたら

「オトコってああいうタイプの人に騙されるよね」

女性のこんな言葉を聞いたことはないでしょうか？　男性にとっての〝いい子〟が女性にはそう解釈されないのは、男性が「外見が良いと内面も良く見える、外見＝中身」という「ちんころじ～」であるのに対し、女性は外見と中身を別の観点でジャッジするからです。これは、男女どちらが正しいかの問題ではなく、単なる〝違い〟です。女性に無理に合わせる必要はありませんが、違いを理解して女性が不機嫌になることを阻止しましょう。また、ホメメンの法則27「目の前の女性をほかの女性（芸能人や家族を含む）と比べるべからず」を思い出してください。あまりウキウキしてほめるとマナー違反に気づかない無粋な男性だと思われてしまうのです。

女性から好かれている芸能人は、女性誌のカバーモデルであると考えていいでしょう。『CanCam』『AneCan』（小学館）、『GINGER』（幻冬舎）、『steady.』（宝

島社）、『ＢＡＩＬＡ』（集英社）の表紙モデルの誰かを挙げるのが無難です。いくらファンでもグラビアのタレントは言わないこと。女性誌の誰かを挙げても、納得いかないようであれば、話を変えてしまうのもテです。

「芸能人、誰が好き？」

「芸能人の誰に似てるって言われる？」

と話をそらし、相手の女性が挙げた芸能人を

「あの人、いいよね。かわいい」

「清潔感がある」

「雰囲気が似てるね」

と間接的にその女性をほめればいいのです。女性が不満を言っている際の多くはホメ不足です。しっかりほめましょう。

22 彼女の作ってくれた料理がとてもおいしかったら

まずは食べることに集中し（間違ってもほかのこと、たとえば携帯を見たりしない）、率直な感想、「おいしい！」を伝えてください。「完璧！」とか「100点満点！」というように、その味が〝最上級〟であることを伝えるか、素人の域ではないことを表すため、「店を出そう」と言うと、喜ばれるでしょう。

「ほめろじ〜」の原則2「ほめるとは、オンナの手間を理解すること」ですから、食材の調達の仕方や調理にかかった時間、準備なども聞いて、どれだけの手間がかかっていたかも理解しましょう。ホメメンの法則2「女性の自意識を逆利用して、『女性がどう見えるか』を会話に織り交ぜるべし」を使って、「こんな料理上手な彼女で、僕幸せ」も付け加えましょう。食後の皿洗いは男性がしましょう。

お弁当であった場合は、感想を言うタイミングが重要です。食べた直後に彼女に感想を連絡し、右記のほめに加えて、早起きさせた〝手間〟についてお礼を言いましょう。

23 ファッションや美容など、理解できないこだわりを聞かされたら

ファッションを仕事にしている人でなければ、女性のこだわりが意味するところが何かは理解できないと思います。なので、ここは〝こだわり〟とは何か、ざっくり定義します。

女性の美に関するこだわりを数式にすると、こうなります。

手間×お金＝「ほかの人とは違うワタシ」という自意識

男性がわからない女性のこだわりの一つに、ネイルが挙げられると思います。「ちんころじ〜」的観点からすると、男性にとって、性的メリットにつながらないので、清潔でさえあればさほど興味ないでしょうが、わざわざあんな小さい占有面積のために、時間とお金をかけることによって、女性は「ほかの人より素敵な女子になった」「だから、そこを認めてほしい」と思うようになるのです。

なので、ほめるときは、そこを利用しましょう。「ほめろじ〜」の原則2「ほめるとはオン

ナの手間を理解すること」とホメメンの法則3「女性の自意識を利用して、『女性がどう見えるか』を会話に織り交ぜるべし」を参照。具体的に言うと

「忙しいのに、えらいね」

「細かいところまで、気を抜かないんだね」

さらにホメメンの法則2「女性の自意識を利用して『女性がどう見えるか』を会話に織り交ぜるべし」を利用して、

「いつ見てもきれいにしてるよね」

「うちの会社の女子に聞いたら、美意識高い彼女って言われた」

「そうやってこだわってるから、カワイイんだね」

でいいです。美容へのこだわりは女性同士の娯楽で競争ですから、女性に支持されていると言うとよいでしょう。

24

バレンタインに、同僚の女性からチョコをもらったら

女性の三原則「自由」「平等」「迫害」を思い出してください。もらったものにお返ししないのは、不平等になります。必ずホワイトデーにお返ししましょう。大事なことは、ホワイトデー当日にお返しすること。ホメメンの法則29は「約束が実行できないことになったら、すぐに連絡をして事情をきちんと説明し、スケジュール調整をすべし」ですが、これは彼女や好きな女性に対しての行動であり、同僚女性にここまで綿密にやる必要はありません。

ただ、出張や外回りなどで、ホワイトデー当日に渡せない場合は「その日は外出するから」の一言とともに、先にお返しを渡してください。何を渡すかについては、自分で決めずに「どんなスイーツがいい？」と聞いてしまいましょう。

たとえ恋愛対象でなくても、こういう機会を女性と仲良くするきっかけだととらえてほしいと思います。「ほめろじ～」の原則2「ほめるとはオンナの手間を理解すること」を使って、「このチョコはどこで売ってるの？」など、手間を知る会話を心がけてください。

25

同じ部署にハケンの女性がやってきて、一緒に仕事をすることになったら

雇用形態が違う女性を前にすると、極端によそよそしくなるか、図々しくなる（自分の命令を何でも聞いてくれると勘違いする）男性がいるので、どちらにもならないように注意してください。ハケンの女性にイヤがられるだけでなく、その姿をほかの女性も見ています。女性に関する三原則「自由」「平等」「迫害」の「平等」を遵守しないと、「迫害」者のレッテルを貼られてしまいます。

ホメメンの法則3「セクハラを避けるため、職場の女性の外見、年齢、彼氏の有無、休日のすごし方などにふれるべからず」を遵守してください。自分のプライベートの話もダメです。それは女性に「すごいですね」というほめ言葉を強要しているのと一緒だからです。

そうはいっても、プライベートなことを聞かないと話がしにくいこともあるでしょう。そのときは「ざっくり質問する」ことを心がけてください。たとえば、「どこに住んでいるんですか?」ではなく、「家はここから近いですか?」と尋ねるのです。女性が「遠い」「近い」とざっくり答えてきたら、これ以上話したくないということですから、質問してはいけません。

26

興味のない趣味（例：歌舞伎、オペラ）に誘われたら

ヒマだし、彼女の頼みだし、行ってもいいかなという場合は行きましょう。そのときのポイントは「どんな服を着て行けばいいのか、彼女にあらかじめ確認すること」です。

なぜこのようなことをするかというと、歌舞伎やオペラは女性客が多いので、数少ない男性客が目立ちます。女性は「どう見られるか」を気にすることは何度も書いてきました。劇場で彼女の友人に会うことも考えられます。彼氏が見当違いなファッションでは、女性は肩身の狭さを感じてしまいます。おそらく彼女も、いつもよりドレスアップしてきますから、ホメメンの法則12「違いに気づくこともほめること」を使って、〝違い〟を見つけ出し、ほめるようにしてください。

誘われたけれど、気が進まないという場合は、率直に断ってもかまいません。ただし、そのときは、興味がないという言い方ではそっけないので、ホメメンの法則22「××すぎる」を使って、「僕には知的すぎる」「高尚すぎる」というように、女性を上げる断り方をしましょう。

27 イケメン同僚にキャバクラ、風俗、合コンに誘われたら

大人ですから、行動は自由です。

ただ、忘れてはいけないのが「社内の男性との交遊は、社内の女性にバレる」「イケメンとは、女性から受ける評価が違う」ということです。イケメンであれば、「オトコだから」で済んでしまうのですが、そうでない人だと「キモチ悪い」と思われる可能性があるのです。

イケメンと合コンに行く場合こそ、「ほめろじ～」の出番です。ホメメンの法則1「女性からの好感をてっとり早く稼ぐため、男性から先にほめるべし」、法則9「外見をほめるときは、イメージのいい職業（女子アナ、モデル）でほめるべし」、法則10「関係性が確定していない段階で外見をほめるときは、バスト以外の上半身をほめるべし」、法則11「外見をほめるときは、先天的なもの（目が大きいとか、色が白いとか）、後天的な努力で身に付けたもの（ピアスや時計）を両方ほめるべし」、法則14「内面をほめるときは、（勤勉、ストイックで）えらい、腕前が優れていてプロみたい、珍しいとほめるべし」を使って、入念にほめてください。

28 彼女に「元カノはどんな人だったの?」と聞かれたら

ホメメンの法則27「目の前の女性をほかの女性（芸能人や家族を含む）と比べるべからず」を思い出してください。これは、言い換えると「目の前の女性を世界一に扱え」ということです。

ここを踏まえて、もう一度、元カノがどんな人だったかという質問について考えてみましょう。

自分は世界一だと女性は思いたいわけですから、たとえ事実であっても「元カノは顔とスタイルが良くて、頭が良くて……」なんて言ってはいけません。かといって、けなすと「もし私と別れたら、私もこんな風な言われ方をするんだろうな」と無駄な心配を与えることにつながります。なので、たとえば「学生時代の同級生」という風な表現で、外見については特に触れず、別れた原因も「忙しくて、すれ違った」で統一してください。ついうっかり、「彼女にほかに好きな人ができてフラれた」など本当のことを言ってしまうと、「フラれるなんてつまらない人なのでは?」と余計な先入観を与えてしまうからです。元カノのことは「ほめず」「けなさず」「本当のことを言わず」と覚えてください。

29 デートの日、彼女の母親が突然具合が悪くなったと言われたら

女性は「どう見えるか」という自意識が発達していることはここまで書いてきましたが、「自分がどう見えているか」を最初に伝えるのは、母親です。その分、母親と娘の関係性は密で、母親を否定されることは自分を否定されたように感じるのです。自分の意見よりも、母親の判断を優先する女性もたくさんいます。彼女の母親ウケが良いと自分の印象が良くなると覚えてください。こういうときはデートは延期して、お母さんのそばにいることを提案してください。第2章「17　タイミングの法則」の表（144ページ）の〝悲しい〟項を参照して、適切なタイミングで連絡をとってください。

稀な例ですが、彼氏に会いたくないというときに、お母さんの病気を理由にデートをドタキャンする人もいます。それに対する牽制と、「ほめろじ〜」の原則1「ほめるとは、プロセスの往来である」を参考に、「どこの病院に行ったの？」「お医者さんは何て言っていた？」「今の具合はどう？」などとプロセスを掘り下げてみてください。

30 好きな女性のSNSに自虐が投稿されていたら

「04 『私ってイロモノだからさ』など、自虐してきたら」（185ページ）でも、対処法を書きましたが、これは女性が目の前にいる場合です。SNS上では違う対処が必要です。

自虐にこめられた真意を推し量るとき、場面や表情などはその判断材料になりますが、SNSの場合、手掛かりは文字しかありません。ゆえに女性の本当の気持ちが見えにくく、笑ってほしいのか、なぐさめてほしいのか判断がつけにくいのです。落ち込んでいるときに、「いいね！」を押したり、「面白いね」などと投稿しようものなら、女性を不愉快にさせてしまいます。

なので、SNS上でのネガティブ発言は、できれば直接相手にメールしましょう。「ほめろじ〜」の原則1「ほめるとはプロセスの往来である」を使って、何があったのか聞いてみましょう。ホメメンの法則22の〝すぎる〟を使って「考えすぎ」と言葉をかけるのです。結婚式に参列した写真が載っていたら、「ほめろじ〜」の超基本、外見をほめることも忘れないでください。

31 会社にきれいなハケンの女性が来て話題になっていたら

ホメメンの法則27「目の前の女性をほかの女性（芸能人や家族も含む）と比べるべからず」を思い出してください。新しくやって来た女性にウキウキしているだけで、この法則を無視しているわけですから、社員の女性はいい気持ちはしません。

また、ハケンの女性にとっても、女性社員の無駄な嫉妬を買っては、仕事がしにくくなるので迷惑です。

アプローチしたい場合であれば、第2章「12　会社でホメトレ」（111ページ）の表を参考に、自分と相手の女性のレベル診断をしてから第2章「14　接して漏らさず」（123ページ）を参考に、自分と相手のレベル差を確認してアプローチできる範囲内かを確認してください。

人が見ているところでのアプローチは女性に迷惑ですから、メールにしましょう。自己紹介をして、食事に行きたいことを伝えましょう。1対1だと気まずいので、2対2にすると女性の精神的な不安が減ります。断られたり、返事がなかった場合はきっぱりあきらめましょう。

32

彼女が連絡がとれないと極度の不安に陥るタイプだったら

脳科学によると、男性の脳の構造は不安をあまり感じないようにできているそうです。それに対し、女性は安心感をもたらすセロトニンが男性の3分の2しか作り出せず、そこにストレスが加わると情緒不安定を招くといわれています。また、女性は〝手間〟をかけることが愛情だと思っているので、連絡という〝手間〟がないことは、愛されていない証拠だと感じるのです。その不満な状態が限界に達すると、浮気をしているんじゃないかと疑いだし、感情を爆発させます。

ホメメンの法則1「女性からの好意をてっとり早く稼ぐため、男性から先にほめるべし」を思い出してください。連絡もほめることと一緒で、自分からした方が、女性に喜ばれます。なので、時間を決めて女性に連絡をしましょう。朝の通勤電車の中が一番手軽です。内容よりも、まずは頻度。連絡不精な人は、イケメンであってもお金持ちであっても、彼女に逃げられると思って間違いないです。

33

同僚がイケメンだからとちやほやされていたら

張り合うな。

自分に注目を集めたいがために、笑いを取ろうとしてダダスベリしている男性を見かけますが、女性は男性と違って、常に〝外見〟と〝中身〟を観察しているため、

「〇〇君って、顔だけじゃなくて、ああいうところがイタいんだよね」

とダブルのダメ出しをくらってしまいます。

ここで朗報を一つ。イケメンの人気寿命は意外に短いです。なぜなら、イケメンは社内の女性をターゲットにする率が低いから。イケメンはイケてる自負があるゆえに、外に女性を求めるのです。いくらイケメンだとしても彼女がいる男性をちやほやしても無駄ですから、多くの女性はターゲットから外します。

「待てば海路の日和《ひより》あり」といいますが、こつこつほめて、人気のある男性になりましょう。

34 彼女に「友だちに会って」と言われたら

「どう見えるか」を気にする女性にとって、彼氏が友だちに自慢できるかどうかは、大事なポイントです。

なので「会うけど、お茶だけでいい？」と提案しましょう。事前に服装を彼女にチェックしてもらうことを忘れずに。

女友だちの関心事は「私の大切な友だちをどこまで理解しているか」なので、ほめるときは内面を中心に。ホメメンの法則14「内面をほめるときは『（勤勉・ストイックで）偉い』『（腕前が優れていて）プロみたい』『珍しい』とほめるべし」を使いましょう。決め台詞は「いつも我慢させちゃってるかなと思うことがある」です。誰でも多少の我慢をしていますから、外す率が少ない殺し文句です。

お茶を一杯飲んだら、一人で先に退席しましょう。彼女の顔を立てて、お茶代はごちそうしてください。

35

「食事をごちそうしてくれない人は無理」という女子に出会ったら

カップルにこうすべきという決まりはありません。二人が納得していれば、それが〝正解〟です。ごちそうすることがイヤでなければ、そういう人と付き合えばいいし、そういう女性がイヤなら、違うタイプを探せばいいのです。激論を戦わせて、〝あるべき姿〟を模索しても、まったく意味がありませんし、「この人は感情的だ」と女性に思われる可能性もあります。

いついかなるときもいい印象を残すのが、ホメメンです。答えの出ない話題になったら、ほどほどのところで空気を変えましょう。具体的にいうと、「ほめろじ～」の原則1「ほめるとはプロセスの往来である」を使って、過去を掘り下げるのです。「今までの彼はみんなごちそうしてくれたの？」と聞いてみましょう。過去のボーイフレンドのことを聞くのは一般的にはよろしくありませんが、男性にお金を使ってもらうことを自分の価値と信じる女性もいますから、聞いても失礼ではありません。〝武勇伝〟を聞いたあとは「どう見える」を付け加えましょう。「おいしいものを知っていそうだね」「大事にされてきた感じがする」がいいでしょう。

36

社内の飲み会で〝人見知り〟な女性と隣になったら

最近は恋愛経験がない女性も増えていて、男性と話をしたいけれども、どうやって話したらいいかわからないという人も多数います。

その一方で、戦略的に〝人見知り〟を演じる女性もいます。人見知りを装えば、男性の庇護欲をそそって、ウケが良いだろうという計算からです。女性には、人見知りが天然かエセかはわかるものですが、男性にはそれがわからない。もし、〝エセ人見知り〟に優しくしてしまうと、「あのオトコは見る目がない」と一部の女性に反感を買ってしまいます。すべての女性に波風立てずに、自分の印象を良くするにはどうしたらいいか。

こんなときは、ホメメンの法則4「レディーファーストは、オンナの〝下〟になることではなく、敵を作らずに女性に好意を伝える手段と心得るべし」を思い出してください。人見知りの女子と、その隣の女子に「嫌いなものはない？」と確認した上で、積極的に料理をサーブし、そのほかの料理も「これ、好き？」と勧めればいいのです。そうすれば、自然と会話は生まれます。

37 同僚の女性に「30歳までお互い独身だったら、結婚しない？」と言われたら

残念。なめられています。この発言には「この人は30歳まで独身に違いない」「私に気があるに違いない」という気持ちが隠されています。

ホメメンの法則17「ホメメンとは便利な男ではない。女性の突然の誘いに応じるべからず」を思い出してください。男女ともに、相手を一度〝便利な人〟と思ってしまうと、そこから恋愛に発展させるのは至難の業です。なので、ここははっきり牽制しておきましょう。女性に好感を持たれる断り方には、ホメメンの法則25「自分のレベルをてっとり早く上げるには、仕事を頑張ること」を使いましょう。

「僕は早く仕事で一人前になって、30歳になる前に結婚するからダメ」

がお勧めです。女性は真面目に仕事をする姿勢に魅力を感じますし、実際に結婚するかどうかは別として、「結婚願望がある」とはっきり言う男性に好感を持つからです。

38 奮発して、雰囲気のいいお店に彼女と出かけたら

いいお店に行くときは、女性はそれだけファッションに手間をかけます。「ほめろじ〜」の原則1「ほめるとはプロセスを往来すること」、同原則2「ほめるとはオンナの手間を理解すること」を使って、外見とプロセス（準備）をほめてください。

女性は「どう見えるか」を気にするので、注意することが二つあります。一つ目は、レディーファースト。自分の彼氏のふるまいが洗練されていないと、女性はがっかりします。もう一つの注意点は、男性の服装です。持っている服の中から彼女に選んでもらう、もしくは一緒にショッピングに行って見立ててもらいましょう。本当におしゃれになるよりも、彼女に「一緒にいて恥ずかしくない彼氏」と思われることが重要なので、彼女のセンスに任せてください。

SNSをやっている彼女であれば、お店の雰囲気を十分読んだ上で「写真撮らなくていいの？」と聞くことによって、ホメメンの法則5「SNS映えするネタ（誕生日や記念日）を提供できるオトコになるべし」を達成しましょう。

39 彼女が過度のダイエットに精を出していたら

目的のあるダイエット、たとえば年末に食べすぎて少し太ったというダイエットの場合は、目標を達成するまでは「一緒にウォーキングする?」という風に、デートに組み込んでしまいましょう。

これといった理由もなくダイエットを言い出したら、それは女性自身の問題である可能性が考えられます。女友だちに負けたくないとか、もしくはほめ不足により、自信をなくしているだけかもしれません。ここはあえて課題を出しましょう。それをクリアすることによって、女性に達成感を得てもらえばいいのです。たとえば下着。自分がつけてほしい下着を「こういうのが似合うと思うよ」と提案するのです。彼女が自分では選ばなそうな、きわどいものでもいいです。彼女がつけてくれたら、喜びを全身全霊で表してください。

ヨーロッパではカップルで下着を選ぶことが多いですが、日本ではその習慣はありません。買い物は彼女一人で行ってもらいましょう。

40 同僚の女性から、別の同僚女性が浮気性だと聞かされたら

女性が女性の悪口を言うのはなぜか。それは女性の三原則「自由」「平等」「迫害」のうちの「平等」の違反と「迫害」（具体的には、ズルをしたり、いやがらせをしてくる）が許せないという正義感に基づくこともあります。が、ホメメンの法則27「目の前の女性をほかの女性（芸能人、家族も含む）と比べるべからず」を思い出してください。女性は自分が一番でいたいので、他人が許せない、認めたくないという心理も往々にしてあります。

悪口を聞かされるのは、ある程度女性に信用されている証拠です（なので、ほかの場所でぺらぺらしゃべらないこと）。このケースの場合、同僚女性が本当に浮気性かはわからないので推測でものを言うのはよくありませんし、そもそも、浮気はカップル二人の問題なので、口を突っ込む権利もありません。なので、両方の顔を立てて、大げさに驚きましょう。これがタレ込んだ女性への共感となります。そこに「そういう風に見えないね」と「どう見えるか」をプラスすれば、噂を否定も肯定もしないリアクションとなります。

41 ひそかに憧れている人気のある女性同期が、残業続きだと知ったら

ホメメンの法則26「自分より、ハイレベルな女性を好きな場合、声をかけるタイミングは『困っているとき』を狙うべし」を参照。人気者の女性の場合、引く手あまたですから、正攻法で口説いても振り向いてもらえません。

「最近、忙しそうだけど、体調大丈夫?」と連絡してみましょう。返事が来るならその時に「いつ頃まで忙しいの?」と聞いてみてください。「○月には落ち着くと思う」と目安がわかったら、ここで連絡はストップ。毎日同じ話では、しつこいと思われる可能性があるからです。

忙しさが落ち着いた頃「落ち着いた?」と連絡してみてください。連絡が遅すぎると、「私のことを気にかけている」感が薄くなりますから、注意してください。彼女が愚痴を言ってきたら、ホメメンの法則37「仕事や職場の愚痴には、愚痴の『あいうえお』で対応すべし」を使ってうまくリアクションすること。地味な戦術ですが、彼女から連絡してきてくれる、個人的な話をしてくれるようになるまで、じっと待ちましょう。

42 上司とソリが合わないと彼女が悩んでいたら

ソリの合わない上司に当たってしまうことは、サラリーマンの宿命ともいえますが、だからといって「気にしすぎ」「オレなんかもっと大変だよ」とは口が裂けても言ってはいけません。

まず、ホメメンの法則37「仕事や職場の愚痴には、愚痴の『あいうえお』で対応すべし」を使って話を聞いてください。毎回同じリアクションでいいのか、解決法を提示しなくていいのか不安に思うかもしれませんが、ホメメンの法則36「愚痴をいう女性が求めているのは、解決ではなく『誰の味方なのか』であることを理解すべし」を思い出してください。「この人は私の味方だ」と感じさせるリアクションが大事なのです。

「ほめろじ～」の法則1「ほめるとはプロセスの往来である」を使って、「その上司は前はどこの部署にいたの？」「そこの部署の人は何て言ってる？」と上司の過去というプロセスをさかのぼって、彼女に発想の転換をうながす（同じことを考え続けると、メンタルバランスを崩します）のもいいでしょう。

43 同僚の女性に、先輩男性にしつこくされていると相談されたら

女性の言いなりになってはいけません。特に社内の人間関係がからんでいる場合、片方の話を鵜呑みにするのは危険です。

まずは「ほめろじ～」の原則1を使って、どうアプローチされているのか、〝プロセス〟を掘り下げてみてください。家に押しかけてくるなど。常軌を逸脱している行為であれば、セクハラに該当する可能性がありますから、社内のセクハラ窓口への相談を勧めるのが一番です。

断ってもあきらめずに誘ってくるという場合、女性、男性どちらの肩を持っても角が立ちますし、また、女性が多少話を盛っている可能性も捨て切れません。そこで「モテるのはいいけど、こういうのは困るよね」と言った上で、女子会の提案をしてみましょう。同僚女性と、もう一人の女性（同僚女性に選んでもらいましょう）とで、食事に行くのです。こうすれば、女性同士であぁでもない、こうでもないと話が始まりますから、結論は自然と出ます。注意点は、女性二人がいる場合、片方の女性に「モテる」と言わないこと。もう一人の女性に失礼です。

44

彼女がSNSにまつわる愚痴を言ってきたら

SNSにまつわる女性の愚痴で多いものは、「他人が幸せに見える」「自分一人だけ良く見せる」です。対策としては、ホメメンの法則5「SNS映えするネタ（誕生日や記念日）を提供できるオトコになるべし」を定期的に実行してください。

「自分一人だけを良く見せる」というのは、女性の原則「平等」に反しています。こういうときは「平等」を遵守する姿勢と、ホメメンの法則38「女性同士のトラブルには『○○ちゃんが正しい』が正しいと断言すべし」をくっつけましょう。

「そうやってみんなのことを考えるところが、○○ちゃんのいいところ」

「僕も○○ちゃんが正しいと思う」

にしましょう。

45 社内の同期女性に、久しぶりに社内ですれ違ったら

社内という公の場で、セクハラにならず、いかに短時間で相手にいい印象を残せるか。そこがホメメンとしての腕の見せ所です。

こういうときは、ホメメンの法則1「女性からの好感をてっとり早く稼ぐため、男性から先にほめるべし」を使いつつ、日本三大ホメメンである俳優・石田純一のメソッドを借りて「やせた?」と言いましょう。

日本には「やせている女性は美しい」という価値観がありますので、こう言われてうれしくない人はいないはずです。ポイントは同期の女性には言っていいですが、先輩や後輩女性には言わないこと。厳密に言えば、同期の女性に「やせた?」と聞くのもセクハラに抵触する恐れはあります。しかし、セクハラは受け取り手の問題でもあり、言われた側が不快でなければ、成立しません。内容が女性を侮辱するものでないことと、気の置けない同期という存在だからこそ、危険ゾーンでもある程度は許されるのです。

46 彼女が仕事に対して過剰な責任感を発揮していたら

過去にミスをしてしまったことからナーバスになっているとしたら、「ほめろじ〜」の原則1「ほめるとは、プロセスの往来である」を使って、なぜミスをしてしまったのかを掘り下げると、再発防止に役立ちます。

特にミスの経験はないけれど、気にしている場合は、ホメメンの法則22「『私って××だと思われるの』という女性には『××すぎるからじゃない？』というように〝すぎる〟で使うべし」を使って「真面目なのはいいことだけど、真面目すぎるのは問題だよ」と指摘しましょう。それでも彼女が不安がっていたら、「いつも不安だって言って結果を出すタイプだから、大丈夫」「上司だって先輩だっているんだから、一人で背負わなくていいんだよ」「最終的には上司の責任」も付け加えてください。

どちらのケースにしても、第2章「17　タイミングの法則」の表（144ページ）の〝不安〟の項を参照し、適切なタイミングで連絡をとりましょう。

47 失恋したばかりの女性が、相談に乗ってほしいと言ってきたら

女性の三原則「自由」「平等」「迫害」の「平等」を思い出してください。ここで弱っている女性を励まして貸しを作れば、あなたが困ったときに女性は「平等」精神を発揮して、相談に乗ってくれるはずです。

また、相手の女性が自分よりハイレベルで、できれば交際したいという意志があるのなら、必ず相談に乗りましょう（ホメメンの法則26「自分よりハイレベルの女性を好きな場合、声をかけるタイミングは『困っているとき』を狙うべし」参照）。

話を聞くときは、愚痴の「あいうえお」を使って女性にしゃべらせましょう。「何が悪かったんだと思う？」と必ずと聞かれると思いますが、二人のことは二人にしかわかりませんし、今さらどうにもならないのですから、考えるだけ無駄です。話の堂々巡りを避けるためにも、ホメメンの法則22〝すぎる〟を使って、「真面目すぎたんじゃない？」と話の方向を変えましょう。「単に合わなかっただけ」とどちらも悪者にしないコメントをしましょう。

48 同じ部の女性の先輩に、上司に対する愚痴（悪口）を聞かされたら

女性の先輩と一緒に悪口に参加するのはＯＫですが、女性の悪口の原因が単なる外見上の問題であることもあります。その場合は、ホメメンの法則37「仕事や職場の愚痴には、愚痴の『あいうえお』で対応すべし」を使って適当に相づちを打ってください。

自分にとってはイヤでない上司でも、女性に嫌われている場合もあります。そのときは、「ほめろじ～」の原則1「ほめるとは、プロセスを往来すること」を使って、具体的なエピソードを挙げてもらいましょう。それでも理解できなかったら、正直に「聞いても理解できなかったけど、どのあたりがイヤですか？」「何が困りますか？」とはっきり聞きましょう。これは女性のためではなく、自分が同じことをしないためです。いくら上司がイヤといっても、上司を変えることはできません。翌日から、自分が同じことをしていないか、女性が困っていないかを気にかけて仕事をしましょう。もちろん、女性から聞いた悪口をほかの人にペラペラしゃべらないことは、言うまでもありません。

49

合コンで隣になった女性の外見が好みでないとき、どうほめる?

無理にほめなくてかまいません。

ホメメンの法則11「外見をほめるときは、先天的なもの（目が大きいとか、色が白い）と、後天的な努力で身に付けたもの（ピアスや腕時計）をほめるべし」の後半部分を使いましょう。ネックレスやブレスレットなどほかのアクセサリーでかまいません。服装を「夏らしい」という風に今の季節で表現すると、季節に合わせて服を選んだ手間を理解したことになり、女性のセンスをほめたことになります

内面もほめましょう。仕事や趣味について掘り下げて、ホメメンの法則14「内面をほめるときは、『（勤勉・ストイックで）えらい』『（腕前が優れていて）プロみたい』『珍しい』とほめるべし」を使って、適宜ほめてください。

外見、内面をひと通りほめるのは挨拶のようなものです。好みの女性には、さらに入念にほめることを心がけてください。

50 彼女が友だちの彼氏や結婚相手のスペックの高さを細かく話してきたら

他人と比べられて、うれしい気持ちがする人はいないでしょう。こういうときは「比べられるのはイヤだ」とはっきり言っていいです。

ですが、女性がイヤミをいうときは、実は違うことについて不満が溜まっていることが多いのです。デートの連絡をおろそかにしていませんか？　外見について毎回ほめていますか？　記念日をきちんと祝っていますか？　悩みや愚痴に対して適切なリアクションをとっていますか？　女性のカラダは欲しいけれど、ココロはいらないという考えは、ムシが良すぎます。

比べてられてもそんなにイヤではない、もしくは喧嘩腰にならずに返したいというときは、「どう見える」を利用して

「スペック高くないのに、こんなカワイイ彼女がいて幸せ」

と返すといいでしょう。

51 よく行くカフェの店員さんが、頻繁に話しかけてくるようになったら

オレに気がある。

なんて間違っても思わないでください。

ホメメンの法則16「後輩や金銭をもらう立場の女性（例：カフェの店員やキャバクラの女性）のほめ言葉を真に受けるべからず」を思い出してください。お金を落としてくれる人に、感じよく接するのは当たり前です。ホメメンはその常識を逆手にとって、あえて店側に気をつかい、ほかの男性との差別化を図りましょう。

カフェの店員さんの仕事をしているわけですから、店が混んできたらさっと帰りましょう。また、ホメメンの法則12の「違いを見つけるのもほめること」を使って、彼女のヘアスタイルはもちろん、店のディスプレイにも注意をはらいましょう。

店員さんはお金をもらっているだけに、客にNOと言いにくいです。女性から連絡先を教えてもらうまで、アプローチは我慢しましょう。

52 彼女が転職しようかと相談してきたら

仕事や職場は実際に経験してみないと何とも言えない〝賭け〟の部分があります。夢や希望を抱いて転職したけれど、前職の方が良かったとか、逆にそれほど期待していなかったけれど、大正解という場合もあります。それだけに、「失敗するかもしれないけれど、それでもいいから転職したい」という強いモチベーションを彼女が持てるかどうかが重要になります。

ひとまず「ほめろじ〜」の原則1「ほめるとは、プロセスの往来である」を使って、なぜ転職したいのか、理由を掘り下げましょう。たとえば上司との相性が原因であったとしたら、上司が変わる可能性や自分が異動できないのかなど、今の会社で状況が好転する可能性がないのか確認します。

唯一、優先的に転職を勧めた方がいいのが、彼女が「同性との付き合いが苦手」な場合です。女性より男性と一緒の方が落ち着く、女性の同僚とのはっきりしたトラブルを抱えている、常にうまくいかない場合は、女性の少ない職場への転職を勧めましょう。

53 彼女が、友人女性のオトコの趣味や仕事の選び方について文句を言っていたら

男性にとって、友人についてあれこれ言うことはイコール友人を否定する、もしくは不仲に思えるかもしれませんが、そういうことではないのです。女性は「どう見えるか」を気にしますが、「見ている人」がいなければ「どう見えるか」は発生しません。「どう見えるか」という自意識は「見ている人」によって作られるわけですから、男性の趣味や選び方に口を出すのは、〝悪口〟ではなく〝自意識〟であると理解してください。

命にかかわる危険がない限り、男性の趣味や、仕事の選び方に正解はありません。なので、彼女も友人女性も両方正しいわけですが、ホメメンの法則38「女性同士のトラブルには、『○○ちゃんが正しい』と断言すべし」を使いましょう。具体的には

「僕は○○ちゃんが正しいと思うけど、友だちにも意見や事情があるしね」

がいいでしょう。

54 自分の会社より、知名度も収入も高い会社の女性と合コンすることになったら

「ほめろじ〜」で勝負しましょう。

まずは外見。ホメメンの法則9「外見をほめるときは、イメージのいい職業(女子アナ、モデル)でほめるべし」、同10「関係性が確定していない段階で外見をほめるときは、バスト以外の上半身をほめるべし」、同11「外見をほめるときは、先天的なもの(目が大きいとか、色が白い)と、後天的な努力で身に付けたもの(ピアスや腕時計)を両方ほめるべし」を使ってください。

次に内面です。ホメメンの法則14「内面をほめるときは、『(勤勉・ストイックで)えらい』『(腕前が優れていて)プロみたい』『珍しい』とほめるべし」を使いましょう。また、法則34の「女性の仕事の話から生育環境を探り、家族、特にお母さんをほめるべし」、法則35「女性の会話で記憶すべきは、『うれしい』『悲しい』『不安』。これらにまつわるエピソードを必ず覚えておき、適切なタイミングで声をかけるべし」も実行しましょう、連絡先を交換できたら「あのときこう言っていたけど、大丈夫だった?」と次につなげる口実にしてください。

55

彼女が「髪を切ろうかな」と聞いてきたら

短い髪の方が好きな場合は、そう言いましょう（もちろん、髪を切ったあかつきには、ホメメンの法則12「違いに気づくのもほめることと同じ」を使って、ほめてください）。長い髪が好きなら、そう伝えてかまいません。女性が求めているのは、髪を切るかどうかより、彼氏に自分について話すという〝手間〟をかけてもらうことだからです。

それでは「どちらでもいい」場合は、どうしたらいいでしょうか。髪を切れとけしかけた結果が女性にとって気に入らないと、「切れって言ったじゃん」と思わぬとばっちりを食らう可能性もあります。髪はそんなに早く伸びません。となると、無難に

「ショートもロングも似合うと思うけど、もったいなくない？」

がいいでしょう。

56

「前回のデートで着ていた服と、今日の服、どっちが好み？」と聞かれたら

第2章「10　正しい外見のほめ方」（96ページ）を再読し、彼女の服装（色、形）とアクセサリーを覚えておく習慣をつけましょう。

前回の服装を覚えていた、もしくはこういう服が好きという好みがある人は、彼女にそれを伝えましょう。特にこだわりのない人は、正直にそう言ってしまってかまいません。けれど、それだけでは「ほめろじ〜」の原則2「ほめるとは、オンナの手間を理解すること」に反します。なので、

「ファッションのことはよくわからない」

「でも、服装が違うと、おしゃれしてきてくれてうれしいと思う」

と、詳しくはないけれど注目しているというニュアンスを伝えましょう。

57 学生時代の同級生（女性）とばったり会ったら

一番ほめやすいパターンです。かつての同級生であれば「昔と比べて」というざっくりした表現で許されるからです。

最も簡単、かつ効果的にほめる方法は、俳優・石田純一から拝借しましょう。「やせた？」と聞いてください。日本の女性はやせているほど美しいという信仰がありますから、こう言われてうれしくない人はいないと思います。

続いて「変わったねぇ」「デキる人って感じ」と「良い方向の変化」をほめましょう。若い女性を尊ぶ日本社会で、多くの女性は年齢を重ねると自分の価値が下がることについて潜在的な恐怖を抱いています。だからこそ、「（一般常識に反して）年月とともに素敵になる」とほめることは、女性を全肯定することと同じ意味を持つのです。社会に出た女性に対して、「変わらない」はほめ言葉ではありません。

せっかくですから、連絡先は交換しましょう。細い縁をうまく広げるのも、ホメメンの腕です。

58

ほめたことを、全否定してきたら

日本の女性は、総じてほめられ慣れていません。つい条件反射的に「そんなことないです」と否定してしまったり、極端な成果主義のため、自分に自信がない女性は「どうしてこの人は私をほめるんだろう」と軽い警戒心を抱いてしまうのです。

うれしいけれど、受け入れられないタイプであれば、〝根拠〟を示すこと、周囲もそう思っていると伝えることが重要です。たとえば、相手の女性がピンク色の服を着ていたとして、「ピンクが似合いますね」とほめたのでは、このタイプの女性には響きません。「色が白いから、ピンクが似合う」という風に根拠を明示し、「言われませんか?」という風にダメ押しするのです。

それでも反応が良くなかったら、第2章「12　会社でホメトレ」(111ページ)の表を参照して、自分の勤務先のレベル5の女性と、目の前の女性、どちらが外見が良いか比べてみてください。女性は自分より劣ると思っている存在にほめられても喜びません。目の前にいる女性の方がレベルが高いということであれば、ほめても無駄ゾーンの人ですから、あきらめましょう。

おわりに

起こせ！　ホメ騒動

近年、脳科学の発達によって、これまで単なる〝個人の性格〟だと思われてきた行動の理由が科学的に解明されてきました。女性から見て「冷たい」「ひどい」と感じられる男性の行動や、男性から見て「しつこい」「うざい」と思われる女性の言動が、実は脳の構造によってもたらされる、単なる〝違い〟であることがわかったのは、男性女性双方にとってプラスだと思います。〝違い〟がわかるということは、そこを理解さえすれば、歩み寄ることができるということだからです。相手にイライラしたり、自分に恋愛なんて無理だと絶望したり、逆に恋愛のハードルを上げてしまう前に「こういう風に違うんだ」「こういうときは、こう言えば伝わりやすいんだ」と、思春期を迎えた頃から双方で学び合う必要があるのではないでしょうか。

最近は、恋愛を授業に取り入れる大学も出てきて、主に女子学生が受講しているそうです。厳しい婚活事情から逆算して「婚活は早く始めるべき」と危機意識を持っているそうですが、順番が逆だと思うのです。「この人と一緒にいたい」と思われる男性を増やすこと、それが婚活をスムースにする唯一の方法です。特に日本は男女で行動する文化がなく、女子校—男子校とセパレートされていますから、大学時代に「女子の話の聞き方」をマスターしておいて損することは一つもないはずです。

174ページの「ホメメンの法則」をすべてお読みになるとわかると思いますが、「ほめろじ〜」にゴマスリやお世辞はいりません。高級レストランに行くことや、高価なプレゼントをあげる必要もありません。スーパーマンのように身を挺して女性を守ることもなければ、心理カウンセラーのように悩みを解決してあげる必要もありません。わからないこと、できないことは素直にそう言ってかまいません。

ホメメンがすべきこと、それは相手に関心を持つこと、理解しようとすること、そして、味方であると言葉や態度で示すことです。

たとえば、毎日食卓に料理を並べてくれる人（多くの場合はお母さんでしょう）に、関心を持ってください。会社のコピー機にいつも紙が補充されているのはなぜか考えてみてください。「縁の下の力持ち」という言葉がありますが、家庭でも会社でも、女性は黙ってその役目を果たしています。そこにあぐらをかいていい時代はすぎたのです。関心を持つことが、すべての始まりです。

白馬にまたがって、お姫さまを迎えに行く王子様を目指すのではなく、お姫さまと一緒に歩き、時には「疲れたね」と言い合いながら、目的地まで手をつなぐ男性になってください。ミシュランのレストランでおっかなびっくり食事を一回するのではなく、週末ごとに一緒に食材を買いに行き、一緒に料理をし、一緒に感想を言いながら、楽しく食べる男性になってください。「ほめろじ～」で、男性の皆さんに味わってほしいのは、他人を喜ばせる喜びです。気づかいとも言えないほどの、ちょっとした言葉や態度が女性を笑顔にするうれしさを知ることができたら、もうそれは立派なホメメンです。あなたの周りには自然と女性が寄ってきて、何かと助けてもらうことが増えるはずです。

最後に今回出版のチャンスをくださったアスペクトの貝瀬裕一氏に心より御礼申し上げます。女性向け媒体や女性週刊誌、女性誌と女性向けにずっと書いてきた私に、男性向け書籍のご提案をいただいた時は面食らいましたが、婚活女子の孤軍奮闘ぶりを肌で知る身としては、今こそ男性に発想の転換をはかってもらう必要があると思い、お引き受けした次第です。男性編集者とタッグを組むのも初めてでした。貴重な経験をありがとうございました。

この本を手に取ってくださった男性の皆さんが、オフィスや家庭、プライベートでホメトレに励んで立派なホメメンとなり、日本各地でホメ騒動を起こしてくださることを願ってやみません。

2016年7月吉日

仁科友里

仁科友里（にしなゆり）
1974年生まれ。会社員を経てフリーライターに。OL生活を綴ったブログが注目を集め、2006年『もさ子の女たるもの』(宙出版）でデビュー。2015年『間違いだらけの婚活にサヨナラ！』(主婦と生活社）発表、異例の婚活本として話題を呼ぶ。現在「サイゾーウーマン」「週刊女性」「女性セブン」「週刊SPA!」「週刊文春」「週刊ポスト」「GINGER」「steady.」「Numero TOKYO」にタレント論、女子アナ批評、婚活論を寄稿中。

確実《かくじつ》にモテる
世界一《せかいいち》シンプルなホメる技術《ぎじゅつ》

2016年8月12日　第1版 第1刷 発行

著者｜仁科友里
発行人｜高比良公成
編集人｜貝瀬裕一
発行所｜株式会社アスペクト
〒110-0005
東京都台東区上野7丁目11-6　上野中央ビル6階
TEL：03-5806-2580／FAX：03-5806-2581
http://www.aspect.jp/
印刷所｜中央精版印刷株式会社

ISBN978-4-7572-2465-0